近代苏州电力事业研究 1908—1949

JINDAI SUZHOU DIANLI SHIYE YANJIU

黄　河◎著

安徽师范大学出版社
·芜湖·

图书在版编目(CIP)数据

近代苏州电力事业研究:1908—1949 / 黄河著. — 芜湖: 安徽师范大学出版社, 2019.8

ISBN 978-7-5676-4010-8

Ⅰ. ①近… Ⅱ. ①黄… Ⅲ. ①电力工业–研究–苏州–1908–1949 Ⅳ. ①F426.61

中国版本图书馆CIP数据核字(2019)第053343号

近代苏州电力事业研究:1908—1949

JINDAI SUZHOU DIANLI SHIYE YANJIU 黄 河 著

责任编辑: 潘 安
装帧设计: 丁奕奕
出版发行: 安徽师范大学出版社
芜湖市九华南路189号安徽师范大学花津校区 邮政编码:241002
网 址: http://www.ahnupress.com/
发 行 部: 0553-3883578 5910327 5910310(传真)
印 刷: 江苏凤凰数码印务有限公司
版 次: 2019年8月第1版
印 次: 2019年8月第1次印刷
开 本: 700 mm×1000 mm 1/16
印 张: 10.5
字 数: 190千字
书 号: ISBN 978-7-5676-4010-8
定 价: 36.00元

目　录

绪　论

一、选题缘起

因学术兴趣使然，笔者最初构想选题时，希望对某时段、某地域的社会、经济问题进行考察。在设定研究地域时，笔者首先将目光投射至江南这一传统经济发达地区。自隋唐起，该地区社会趋于稳定，劳动人口剧增，水陆交通发达，经济持续繁荣。宋代时，江南已成为中国的经济中心。至明清时期，其社会经济发展水平决定了整个封建王朝的最高水平。探究江南地区的社会经济发展，在学术研究上具有一定典型性。

源于笔者学术能力所限，研究整个江南地区在某一时段内的社会经济变迁颇感吃力，故试图缩小研究地域，选择江南某一具有代表性的城市作为最终研究对象。苏州自古即江南重要城市之一，笔者在对诸多江南城镇进行逐一考察的基础上，最终将苏州这一江南古城确定为研究地域。传统时代的苏州虽具有突出的社会经济地位，但在传统向现代的转型过程中，以苏州为代表的江南城市大多出现了不同程度的衰落，这就为本书研究时段的划定提供了线索。西方文明进入传统中国的经济中心江南之际，以苏州为代表的江南城市究竟发生了何种变化？其变化给后世带来何种启示？均值得深究。

在将研究的时间与地域设定为近代苏州的同时，笔者开始探寻具体研究对象。当前，苏州城市现代化研究领域已不乏佳作，张海林的《苏州早期城市现代化研究》为其中之代表，该书从工业、商业、市政、教育等诸多方面对苏州的城市现代化进程进行了细致、全面的审视。因此，如若对近代苏州的城市现代化进程进行总体关注，较难有新的学术突破。然而，包括苏州在内的传统中国城市的现代化转型，大多是以西方文明的侵入为先机，寻找出某种西方文明融入近代中国城市社会的代表性事物，加以深入探究，同时以此事物为视角观察中西文明交汇后传统城市的现代化变迁，亦有其学术价值存在。

史学研究，是以文本的解读作为基础的，历史上某一特定区域、特定时段均有属于该区域、时段的基本资料。基本资料的掌握，既有助于把握时代与区域背景，又可为学术研究的选题提供灵感，关于近代苏州的研究亦是如此。笔者在确定研究对象之前，首先阅读了有关近代苏州的一些基本史料，如民国时期苏州的主要报纸《苏州明报》、方志类的《吴县志》等。在阅读的过程中，尽力寻找既能引发当时苏州地方社会广泛关注，又是由西方传入的事物。通过对于基本资料的反复梳理，发现电基本符合上述两个条件，可作为研究对象。

同样缘于文本的重要性，与论文选题直接相关的原始资料占有的数量与质量，对于史学研究尤其是中国近代史研究，具有重要意义。故而能否找寻出一批与研究方向相关的高质量原始资料，决定着选题是否能够最终顺利完成。大致确定了研究对象以后，笔者开始搜集有关苏州近代电力的资料文本。幸运的是，苏州档案馆馆藏了大量有关晚清、民国苏州电力事业的原始档案，可作为撰写论文的主体资料。同时，苏州图书馆较为完整地保存了近代苏州的各类报纸，其中关于近代苏州电力事业的记载，可为本书的写作提供补充。因而，笔者最终选取了电开展研究。

二、拟解决的问题

对有关近代苏州电力事业的原始资料进行详细解读之后，发现电这一现代化新事物，存在于近代苏州城市社会的社会、经济、政治诸领域，物质、观念诸层面。电进入苏州之后，究竟在苏州地方社会经济变迁中占据了何种地位、产生了何种影响，这是本书首先需回答的问题。电之所以作为西方的新科技被引入中国城市，其主要目的就是为了推动中国城市现代化进程。该事物究竟是否成为现代化动力之一种，亦需加以确认。通过电在近代苏州所扮演的角色，还可思考：究竟近代中国文化、经济、政治何种方面，对于城市现代化进程的推动力更大？之所以如此，究竟是外因，还是内因，发挥了更为重要的作用？

三、学术史回顾

本书的学术史回顾主要分为两个部分。首先是关于中国近代电力事业的研究。理清关于电力事业的已有研究成果，能够更好地将本书的研究置于电业史研究的学术脉络之中，为研究的开展奠定了坚实的基础。其次是关于城市现代化动力问题的研究。该问题是现代化研究的核心问题，也是本书拟探讨的问题之一。对于该问题的既有学术成果进行反思，可为推进现代化研究提供一定借鉴。

1.电业研究

民国时期关于电力研究的著作，多是以全国范围内的电力事业作为讨论对象，分时段进行研究。《三十年来之中国工程》是一九四六年八月由中国工程师协会编印出版的一部论文集，其中顾毓琇《三十年来中国之电机工程》一文，对民国时期中国学者在国内外刊物上发表的关于电力方面的重要学术论文进行了整理。陈中熙的《三十年来中国之电力工业》从经济、工程、业务等方面，回顾了前三十年中国电气事业之建设，并对工矿自办电厂及外资电厂进行了专门叙述，同时对未来电力之发展进行了展望。恽震的《三十年来中国之电机制造工业》则分门别类对中国自清末民初以来电机、灯泡、无线电、电池、电表、电线之制造进行了概述。以上三文分析均较为缜密，史料价值较高，是研究民国电力不可多得的资料性读物，但学术性不强，未有较深入完整的学术见解。朱大经所著《十年来之电力事业》首先对三四十年代中国电力事业政策、法规进行了总结，对监督机关之职责及电厂之权利与义务提出了期望，接下来从电业概况、工程、业务等方面对电力事业的发展进行了研究，该文虽具有一定学术性，但其价值亦是体现在史料方面。

中华人民共和国成立后至八十年代，关于近代电力事业的学术成果，同样是以电力事业整体研究为主。《我国电力工业基本情况》一书之第一部分“旧中国的电力工业”对民国时期电力发展过程及特点加以总结。陈中熙的《解放前中国电力工业的演变》一文，分时期对民国时期的电力事业进行了探讨。李代耕所编《中国电力工业发展史料》是此时段内研究近代电力较好的著作，该书首先分析了整个中国电力事业发展历程，接下来从资本构成的角度，分别对民族资本、官僚资本、外商资本介入电力事业进行了考察，并对抗战时期沦陷区的电力事业进行了研究，也关注了民国时期的电力技术水平和电力工人群体。总体上来说，该书之学术价值绝不仅限于一部资料汇编，而是一部以经济学方法研究晚清以来中国电力的行业通史。

九十年代以来，对于电力的研究呈现多元化态势。电力整体研究方面，刘文丰的硕士论文《抗战时期国民政府的电力工业建设》主要对抗战时期后方电力事业建设进行了考察，所用资料多为报纸、杂志及已出版档案资料。苏保丰的硕士论文《资源委员会与战时电力工业建设》亦尝试对抗战时期的电力建设进行全面考察，全文围绕资源委员会与电力建设两条研究主线开展研究。李蓉、马英《民族资本投资近代城市公用事业初探——以城市水电为中心》一文对民族资本投资近代城市公用事业的情况进行了梳理，李蓉硕士论文《清末民族资本投资近代城市水电公用事业问题初探（1900—1911）》专门研究了民族资本投资公用水电事业的概况、特征、原因及影响，并指出此种做法推进了中国城市近代化的进程，对整个中国的经济状况产生了深远影响。王树槐的《中国早期的电力事业（1882—1928）》一文主要对清末民初的中国自办及外资创办的电厂进行了梳理，并对政府管理电气事业的措施进行了总结，视野宽泛，分析缜密，但所选用资料有失误之处。该文所引《上海时报》所述之苏州振兴电灯公司因闯入妇女房中之事成为苏州电力经营权变更之导火索一说，根据笔者的研究，与史实不符，在笔者所搜集涉及该事件的相关资料中，并未发现有关此事之记载，也没有两者关联之证据。

此外，研究者对近代中国电力事业所涉及的某一具体问题进行了专项研究。王重阳的《窃电问题：民国时期的法律规制》一文就对民国时期的窃电法律及规则进行了关注。王树槐的《中国早期的电价纠纷（1918—1937）》对一九一八至一九三七年发生在中国的电价纠纷进行了系统分析，不仅对二十年间的电价纠纷进行了统计，还对十家具有代表性的电力企业进行了个案分析与比较，进而从业者、用户、政府三方的互动关系入手，探讨电价纠纷的原因及解决的办法。向明亮《民营与公营：国民政府公用事业政策演变探析——以电气事业为例》一文则通过电气事业的考察，简略梳理了国民政府公用事业形成的思想根源、演变的过程及存在的问题。

该时期，学者开始以区域为考察对象，研究近代电力发展情况。东北地区，候雁飞、张兴家的《日本帝国主义对松花江水电资源的掠夺开发》考察了日本方面对于松花江水系水电资源的掠夺。

福建地区，吴卫的《民国时期福建的民办水电与公办水电之比较》从兴办目的、资金筹措、管理水平等方面对民国福建的公办与民办水电事业进行了比较，并分析了两者之间的相互关系，其所用的资料主要为电力工业志。该作者的《民国时期福建水电事业的嬗变》一文则对民国福建水电事业的发展脉络进行了梳理。

长江中下游地区，王静雅的硕士论文《建设委员会电业政策研究（1928—1937）——以长江中下游地区为例》对建设委员会的电业政策进行了研究，考察了相关政策的内容、背后的思想根源，并对其在长江中下游地区的实践进行了考察。该论文之亮点，一是对社会各界关注电业的情况及媒体对于电力的宣传进行了考证，二是由当时窃电之风盛行，看出国民政府经济建设的无序与经济立法的滞后。王静雅《建设委员会与民国窃电问题治理——以1930年代长江中下游地区为例》一文，进一步深化了对于二十世纪三十年代长江中下游城市窃电问题的研究。

以一个城市电力事业为对象的研究多集中于上海、北京、武汉、青岛等城市及通商口岸。

上海是电力事业研究的重点。张芝林的《上海公共租界办电始末》回顾了上海公共租界电厂电力经营的整个历程。陈宝云的《上海公共租界电气事业产权变迁评析》揭示出上海公共租界的电气事业产权由私营转为公营，之后再次改制为私营，探查了电气事业公共性特征的重要意义。樊果的《近代上海公共租界中的电费调整及监管分析（1930—1942）》从经济学的角度分析了上海公共租界电费调整状况，并对当时电力公司的调价特点及监管部门的监管特点进行了总结，观点较为精炼，资料亦采用上海档案馆馆藏档案，所用史料价值较高。周武的《晚清上海市政演进与新旧冲突——城市照明系统和供水网络个案分析》一文，详述了晚清上海地方社会对于电灯由排斥到认同，直至接受的心理转变。邢建榕的《水电煤：近代上海公用事业演进及华洋不同心态》分析了上海华人对于公共租界创办公用水电事业的心态逐渐由抵制、惧怕，转为刺激、羡慕，进而产生认同的整个过程。上述两文以心态史的研究方法，考察了电灯等事物给地方人士带来的心态上的现代化转变，具有较新的学术视野。

关于其他城市的研究中，胡源的《电灯照进北京之夜》介绍了晚清民国时期电灯在北京城的出现、发展及在城市化进程中的作用。刘春玲的博士论文《青岛近代市政建设研究（1889—1949）》从市政建设的角度，研究了近代青岛电力网络的形成、供电状况、工业与生活用电情况、公用照明用电情况，并指出市政当局对于用电缺点规范管理。向明亮的《抗战前中国工业化进程、特质与影响因素探析——以武汉电力工业为中心》，从电力发展的角度考察了武汉近代工业的发展。该作者的《企业社会责任视角下的公用事业——以近代武汉电力企业为例》一文，以公用企业的社会责任为视角，对比研究了武昌竞成电气公司与汉口既济水电公司的发展历程，认为两者在履行社会责任方面的不同，造成了营业发展的差异。其博士论文《近代武汉公用事业研究——以电气、自来水为研究中心（1906—1938）》从企业史的角度出发，缜密分析了民国时期政府、商会、水电企业、用户之间的相互关系，并以政企关系为研究中心，指出近代武汉水电事业发展虽困难重重，但对工业发展起到了促进作用。方秋梅的《论电业对清末民初汉口城市现代化的影响》从电灯使用、电力路灯、生活娱乐、电气工业化等方面入手，较好地呈现出清末民初电给汉口市区带来的现代化改观。

近代苏州电力事业的研究中，翟海涛、吴佩华的《苏州公用事业的早期现代化——以电报、电话与电灯为例的研究》对振兴电灯公司时期的苏州电力事业进行了概述，方旭红的博士论文《集聚·分化·整合：1927—1937年苏州城市化研究》则对苏州电力路灯与电力照明的发展变迁进行了简略探析。上述两文关于电力之研究均着墨不多，视野较为宽泛。其他关于近代苏州电力事业的相关成果，如《苏州电灯事业的回忆》《苏州电厂与振兴电灯公司诉讼始末——苏州电气公司的创建》《吴江县电灯厂的变迁》《苏州电器事业的主权之争》《苏纶纱厂自备电厂》《苏州市志·电力工业分志》《苏州电力工业志1897—1996》《苏州城市建设大事记》中关于电的记载颇多，大多具有较高史料价值。

近年来关于电力事业的学术成果中，还存在着大量的个案研究。梁善明的《档案开发与民国广西水电建设研究——以广西省政府应对桂林阳江水力发电工程资金困局为例》强调了需从档案入手，加强对于民国广西水电建设史的研究，并对广西壮族自治区档案馆馆藏涉及该研究领域档案进行了归纳分类。陈宝云的《上海联合电力公司筹建始末与争论评析》一文，从该筹建事件看出了地方政府因顾虑主权丧失，而不敢轻易引进外资，无得力自救之法。郑会欣的《扬子电气、淮南矿路两公司的创立与国有企业私营化》对包括首都电厂和戚墅堰电厂在内的扬子电气公司招收商股的背景及原因进行了研究，并借此对民国时期国营企业私有化现象进行了深入的剖析。向明亮的《离奇的股东会：1924年汉口既济水电公司选举研究》一文，则从该水电公司一次股东选举风波，看出了在当时的社会环境下，中国的近代公司制度虽存在着传统社会传习下来的弊端，但实际具备一定进步意义。赵兴胜的《1928—1937年的张静江》则以曾任国民政府建设委员会委员长的张静江为研究对象，对首都电厂、戚墅堰电厂等国营电厂的建设、经营方面所作出的贡献进行了详述。

电力个案研究方面的代表性人物为王树槐。该学者主要以建设委员会档案为研究资料，撰写了多篇关于民国电力企业的论文。其关于电力企业的研究多从创设情况、营业方针、设备及发电量、业务状况、组织与人事、资产及财务状况等方面分析企业的经营状况，总结各电厂成败之原因，并探讨各级政府、地方社会与电厂之关联与互动。如《首都电厂的成长（1928—1937）》《江苏武进戚墅堰电厂的经营（1928—1937）》《上海华商电气公司的发展（1904—1937）》《上海翔华电气公司（1923—1937）》《振亨电灯公司发展史（1915—1937）》《上海浦东电气公司的发展（1919—1937）》《江苏省第一家民营电气事业——镇江大照电气公司（1904—1937）》等。王树槐还对早期电业投资中公营与私营问题进行了关注，并对外商注资电业现象进行了讨论。《国民政府接管民营电厂的政策与实践——以南昌开明电灯公司为例》分析了国民政府管理民营电厂的政策源于孙中山的民生主义思想，并伴随着环境变化由节制资本逐渐转向放任自流。《上海闸北水电厂商办的争执（1920—1924）》指出包括电力事业在内的中国近代新兴行业存在着经济民族化与合理化两个趋势。《政府接管前后的广州电力公司（1909—1938）》提出公营私营各有利弊，而政府的电力政策始终未能得到很好贯彻。《武昌竟成电气公司（1911—1937）》认为政府与民间的理性合作是电力事业最好的经营模式。《设立沪西电力公司的谈判（1932—1935）》一文，对上海特别市政府与公共租界工部局电气处就越界筑路及供电权谈判失败的过程及原因进行了探究。

2.城市现代化动力问题研究

在研究城市现代化动力这一问题时，首先需对“现代”与“现代化”的概念进行界定。

“现代”一词，根据罗荣渠的总结，有两层含义：一是从时间范畴来说，泛指从欧洲中世纪以来一直延续至今的长时段，二是指区别于中世纪的新时代精神与特征。“现代化”这一概念，源于二十世纪五十年代芝加哥大学的一次学术会议，参与该会的学者们讨论了有关贫困和经济发展不均衡的问题，认为应当使用“modernization”一词描述世界自农业社会向工业社会的转变，于是“现代化”这一学术术语产生了，相关理论随之出现。吉尔伯特·罗兹曼将“现代化”看做是科学与技术革命影响下，社会已经发生或正在发生的过程。布莱克则将其描述成近几个世纪以来，由于知识的爆炸性增长导致源远流长的改革过程所呈现的动态形式。以上两种解释较有代表性。

现代化理论则发源于西方启蒙时期的社会科学，从洛克的古典市民社会理论开始，经斯密的古典经济学和孔多塞的人类精神进步史观，到圣西门、孔德、斯宾塞的实证主义工业社会理论这一系列的理论体系，都是现代化理论的起源。

近代中国属于现代化浪潮中的后进国家，部分学者亦对于落后地区的现代化进程有所关注。贡德·弗兰克的《依附性积累与不发达》就认为亚洲、非洲、拉丁美洲等地区的贫穷，并非因为缺乏资本、企业家才干以及其他社会、政治、心理、文化等发达国家成功的必需因素，这些地区在世界资本主义发展进程中的从属性依附地位才是其落后的原因所在。格申克龙在《经济落后的历史透视》一书中提出了“落后的优势”理论，指出经济的相对落后并非像通常人们所想象的那样仅仅是一种劣势，反而可以转变成一种优势，其经济活动状态及发展障碍与其本身固有的高期望值之间存在一种“紧张”关系，这种紧张关系成为推动工业化发展的力量，落后国家及地区也可以创造出替代诸如先进国家发动工业化所具有的前提条件，并通过引进、吸收与借鉴，实现跳跃式发展。

可以看出，依附理论、落后优势理论等关于后发地区的现代化研究中，始终绕不开的一个问题，就是现代化的动力问题。

现代化的动力问题是现代化研究的核心问题之一。汤姆·肯普的《现代工业化模式——苏、日、发展中国家》将工业化视为改变欧洲与世界的关键，认为工业化是改变欧洲面貌的主要因素，而在世界其他任何地方都没有发生过类似情况。用全球化视野来考虑欧洲工业化，可以看做是溯自中世纪以来所发生的一系列变革的结果，这种发动变革的起因和成果正好是世界其他地方所缺少的。卡尔·马克思在总结了工业化进步与生产力发展的基础之上，将生产力与生产关系相结合的生产方式看做是现代化的主要动力。社会的物质生产力发展到一定阶段，便同它们一直在其中运动的现存生产关系或财产关系发生矛盾，于是这些关系便由生产力的发展形式变成生产力的桎梏，社会革命的时代就到来了。随着经济基础的变更，全部庞大的上层建筑会或慢或快地发生变革①。

随着时代的进步，学者们不再将现代化研究局限于生产领域进行讨论，而是开始从社会层面反思现代化动力问题。布莱克的《现代化的动力——一个比较史的研究》将适应近代以来不断增长的科学知识的社会变革视为现代化得以推进的根本因素。诺奖得主库兹涅茨的《现代经济增长：速度、结构与扩展》将技术进步与制度变革的共同作用看做是现代化增长的核心。丹尼尔·贝尔的《后工业社会的来临——对社会预测的一项探索》突出了创新对于现代社会的重要性：每一个现代社会的存在，都依靠创新以及社会对变迁进行控制，并力

① 马克思，恩格斯．马克思恩格斯选集：第2卷[M]．中共中央马克思、恩格斯、列宁、斯大林著作编译局，译．北京：人民出版社，1995:32-33．

求预测未来，以便未雨绸缪。

后现代化理论兴起之后，学术界目光聚焦至组成社会的重要个体的人本身。阿历克斯·英克尔斯的《人的现代化素质探索》就更为注重个人现代性变迁的重要性。

研究近代中国的现代化进程，特别是近代中国城市现代化转型时，动力问题也是关注的热点之一。张海鹏《20世纪中国近代史学科体系问题的探索》一文就提出中国近代史研究实际就是为了回答“中国向何处去”这一近代中国历史变迁的主题而产生的。罗荣渠的《现代化新论：世界与中国的现代化进程》指出，现代化动力问题是令社会学家和历史学家都十分困惑的大问题。

中国地域辽阔，有为数众多的城市，不同的城市由于地域和社会环境不同，现代化动力存在着诸多差别。同时，不同的学者根据自己的研究，得出了不同的见解。

罗荣渠在《现代化新论：世界与中国的现代化进程》中认为现代化是以工业化为主导的，这一因素导致了传统的农业社会向现代工业社会的转变，工业主义渗透到经济、政治、文化、思想各个领域，引起深刻的变化。此种动力还包括伴随现代工业生产方式发展而来的新的环境、机制、手段等。

孟晋的《民国初年商业的发展与城市近代化》的观点与罗荣渠的观点相悖，认为商业的发展与城市近代化关系密切，因商而兴，以商立市，是城市现代化的重要途径和手段。隗瀛涛的《近代重庆城市史》认为，包括重庆在内的中国沿海、沿江城市现代化成长的动力是商业兴起，而并非工业化。皮明庥的《近代武汉城市史》同样提及武汉是因商而兴，或者说因商、工、交而兴。戴鞍钢的《港口·城市·腹地——上海与长江流域经济关系的历史考察（1843—1913）》，将近代上海的迅速发展归因于贸易增长。

除单体城市研究外，对外贸易与商业发展亦被张利民的《华北城市经济近代化研究》看做是整个华北地区城市现代化的标志，张仲礼在《东南沿海城市与中国近代化》中研究东南通商城市现代化转型时基本持相同态度。

开埠对于通商城市的现代化进程影响重大。何其颖的《鼓浪屿租界与近代厦门经济与市政建设的发展》一文提及鼓浪屿租界影响了近代厦门政治、文化、经济的发展，提出厦门开埠是促使该地区实现近代工业化的催化剂。吕绍坤的《近代大连自由港制度的实施及其对城市经济的影响》，将大连近代自由港制度的确立看做是该城市现代化的基础动力，认为其推动了该市工商业发展，改变了人口比例及职业构成，促进了市政建设，客观上促使城市现代化在更大范围内展开。罗澍伟在《近代天津城市史》中亦指出，租界对于天津城市成长的影响较大，一八六〇年开埠的意义使得天津变成了联系国内自然经济与资本主义世界市场的窗口。

交通对于城市现代化的作用同样不可忽视。江沛、熊亚平的《铁路与石家庄城市的崛起：1905—1937年》提出铁路这一近代经济发展的强势推动力，把农业经济为主的小村庄——石家庄，强行拉入了近代工业化和城市化进程，使得石家庄迅速完成了由农村向城市的结构性转型。张玉龙《抗日战争时期的西南交通建设与城市近代化》亦将交通建设视作推进该地区城市社会、经济机构以及价值观念与社会心态之变迁的重要动力。

部分学者还将城市现代化动力归结于各种力相互作用之结果。《剑桥中国晚清史：1800—1911》一书就提出中国的现代化受到欧洲文明的影响，而且是中国内部社会演化的结果，国内人口的增多等，造成了新的社会经济的发展过程，其力量不在外来压力之下。《从市场发育等角度对近代东北城市化的分析——以奉天东部为例》一文将移民的涌入，水陆交通线的形成，初、中、高三级市场体系的构建，当作东北城市现代化的动力。《长江下游非条约口岸城市近代化动力分析》视南通、无锡、常州等长江下游非开埠城市现代化的动力为以下几种动力之合力：作为外部推动力的西方资本主义生产方式的影响，长江下游区域市场化、交通运输业的发展，以及作为内部推动力的城市商业化、近代工业的兴起等。何一民的《变革与发展——中国内陆城市成都现代化研究》也认为推动成都城市现代化转轨的因素包含了体制、教育等诸多方面：世界性的现代化潮流冲击导致了中国的开放；清政府改革启动了成都早期现代化；晚清以来的政治体制变革成为该地现代化的重要力量；成都的现代教育得到了超前发展，对于当地人观念变革起到了重要的作用。张海林的《苏州早期城市现代化研究》在研究苏州早期现代化时指出，近代中国的现代化是一种回应式现代化，这决定了苏州城市现代化进程带有中西糅合的特征。

四、本书研究之创新

统观前述电力方面的已有研究成果，在资料使用方面多有欠缺，大多未能占有相当数量与质量的原始资料，而主要依靠已出版的资料进行研究。笔者搜集并整理了有关近代苏州电力方面的大量第一手资料①，包括了苏州档案馆藏前人未尝涉足的数千份原始档案，及散落于近代苏州各类报纸中关于电力方面的信息，为本书的创作提供了良好的资料支撑。

已有的电力事业研究成果或是对不同地域、时段的电力发展情况进行研究，或是对电这一事物在特定的区域、环境下涉及的某一方面内容、某一个问题进行考察，或是对电力企业本身及电力企业所涉及的某些事件进行探析，研究视角多种多样，但始终不能脱离企业史、行业史的研究。吴政宪在研究台湾电灯时，对于由电灯引发的台湾社会、文化、政治等方面的变迁多有提及，但电灯仅是电力事业之一种，视野有所局限，未能深入。电这一新兴事物，对地方的社会、经济、政治、观念产生影响，在地方社会经济变迁中可发挥一定作用。并且由于电是现代化的标志性事物，以该事物为视角研究近代城市社会，能够探析现代化带给传统城市的转变。以电为视角审视地方社会，尝试做一部电的社会史，不仅为电力研究提供了一种新的研究思路，还为中国近代城市史研究增加一种合理的研究视角。

在电力研究方面，绝大多数学者仅仅就电本身，或者与电直接关联的历史现象进行研究，而未能从电出发，对由电引出的该时段内的基本历史问题进行探究。电和现代化是直接相关的，由电看中国现代化进程中的某些基本问题，并通过对于此种基本问题的解析，对作为近代中国现代化的某些本质与规律进行考察，是在掌握了充分资料与合理的研究方法的前提之下能够尝试的，这是本书拟达到的研究目标之一。

①因研究和表述的需要，本书视"1908—1949"为"近代"。可以参见中国社会科学院近代史所原所长、研究员张海鹏先生2015年7月31日于《北京日报》发表的《中国近现代史的分期依据是什么?》一文。

第一章　电力事业之变迁

近代苏州电力事业自二十世纪初草创起，分为四个时期，先后由三家电厂经营。本章首先梳理近代苏州电厂的总体经营概况，总结出该项事业的发展脉络，为之后的分项研究做铺垫。其次，自来水与电力虽同属城市公用事业范畴之内，但苏州的电力事业能够成功建立，创设自来水事业却屡屡受挫，其中之原因值得深究。本章尝试对该时该地自来水事业之创立过程进行考察，并探究其设立失败之原因。此外，近代苏州电力发展史中，振兴电灯公司暗售日商之事影响较大，笔者试图借此章对该事件做简略考证，以期加深理解当时苏州地方社会对于电力之认识。

第一节　电力事业之分期考察

一、振兴电灯公司经营时期

关于苏州地区最早的电力企业名称及创设时间有着两种不同的看法：一说生生电灯公司成立于一九〇六年（清光绪三十二年），但未正式发过电；一说新星电灯公司创立于清光绪末年。有关该企业成立的时间，笔者并未寻找出明确证据予以证实，而涉及其名称的两种说法之中，新星电灯公司一说则较为可信，因“新星”在苏地方言中的发音为“生生”。

民国建立之前，新星电灯公司由无锡人祝大椿接办，改名为振兴电灯公司，由宁波人賡敏伯出任经理，具体的接办年限同样不可考，或曰民国初年（即一九一二年），或称清宣统元年（即一九〇九年）。以上观点实际皆不准确，至少在清光绪三十四年（即一九〇八年）十月，该公司已成立。公司属于商办性质，股东包括银钱业的洪少圃等人，创设资本为规银三十万两，厂址设在阊门外南濠街，主要设备包括德制蓝格舍罐筒式汽炉两部、德制爱耳平直复动凝式蒸汽机两部、英制索理姆蒸汽机一部、德制西门子三相交流发电机一部、英制通用三相交流发电机一部。由于设备不全，发电容量很小，营业范围也很小。

振兴主要业务为商民所用之电灯，公司聘定头等工程师装配各种电灯机器，并由外洋定造各样灯料，花色新奇。至一九一九年，就所见电表指示电力，灯数已达三万盏光景。实际上，合全天点燃之通夜线与夜间熄灭之半夜线所连电灯之总数，已达四万盏。其中，约有半数属用户偷装、未经电厂备案之私灯。

除发展民用电灯之外，振兴电灯公司一九一一年民国创立之前已与地方当局签订路灯合同，经营苏州的电力路灯。辛亥鼎革、苏州光复之际，苏州路灯多数熄灭，振兴立即根据旧有合同，以严防匪类、保卫治安为由，指出各处商学民彻夜逡巡，但道路黑暗切实存在隐患，应于苏州城厢内外按巡警区域逐段装灯，无论通衢狭巷均一律从速开点，以致宵小敛踪、镇静如常，并据此为路灯开点请领电费。

为扩大影响，振兴电灯公司成立之后，积极参与社会慈善事业。一九一七年，即为义演装设免费电灯。当时，两家剧社义演赈灾不仅由振兴装设临时电灯，还免除了人员工资与电灯电费，剧社为此报告至官方备案。一九一九年时，再次参与赈灾捐款事宜。该年，振兴电灯公司响应市商会号召，为灾区提供一笔数额较大的赈款。

当时，苏州的电力事业尚属初创阶段，经营与监管机制尚未健全，电厂与地方社会之间相处多不融洽，双方存在诸多矛盾，电厂的正当权益多遭受侵害。如用户私接电灯或私换大光灯泡的窃电行为开始出现，既使电厂蒙受经济损失，又威胁着电力的正常供应。电厂因机器容量额满，如再加灯，恐生危险，因此停装。不料电力负荷日见加重，应为用户私换大光灯泡以及私装电灯情况，易招致难以预料的危险，故决定查验整顿。振兴电灯公司因此要求警察厅查处，希望各区警署酌派人检查，遇有私灯不遵查验者，准将总线拆除，停止通电，以保治安，而免危险。

电话局则不顾安全，占用电灯杆木挂装电话线。电厂遂通过市商会向苏州电话局交涉，电话局称该局所立电话杆由交通部核发，目前尚未运到，一旦到货，立即请工匠竖杆移线，以免危险。

城厢内外亦有各种广告传单在电灯杆木上四处粘贴，此举影响了线路的检修。电灯公司所立接线杆木，分段分区均依次编列号数，以便遇有损坏易于检查修理，若任听其在杆木上张贴广告，则号数被满糊，查备出现诸多障碍。且灯杆之下聚众围视，亦属防护难周，不依指定地点滥贴广告，本属有违市政。电厂为此函请警察厅各区转饬巡士严加禁阻，以护灯杆，警察厅为此下令查禁。

振兴电灯公司的一些做法，令社会各方不满。一九一四年，振兴所立电杆阻塞沟渠，被当局责令疏通。当时，部分市民要求振兴电灯公司清理因电杆倾倒而阻塞的河道沟渠，对电杆进行修理完善，疏通积水难行之处。振兴电灯公司认为通衢街沟多在中心竖立电杆，于通塞本无关系，有山塘侧沟或为杆木阻塞，向由公司雇工随时修理，至年久失修之街道沟渠淤塞，非尽杆木之咎。各市民择要修整、热心公益，公司当派专员监察，随时修理。

振兴电灯公司所用输电线较为简陋，为未包裹橡皮之裸线，一旦出现坠落情形，易招致意外发生。一九一四年七月二十三日一天之内，苏州城内就因裸线忽坠造成两起事故，但幸未伤及人命。当日，小塘毛家桥西洽升泰商行门前电杆裸线忽坠，行内电灯即熄，当即街上拦住可靠人士寻求帮助，遂以电话通告电厂速派工匠前来检修。去后未几，约在六点半，附近桥西魏福泰糖坊下岸又报断线两根，火星迸裂，行人骇急，顿时裹足。当时天色尚未暗尽，所以未成大祸，如若在夜晚或是黎明，商贩早出批货之时，为祸恐不可设想。

一九一六年三月二十五日夜间，突发的火灾烧断了电线，因裸露的电线坠下，极易导致触电，消防人员不敢前进救火，猛烈的火势最终焚毙数命。据现场实施救火的人员报告：当时火势蔓延，电木烧断，线即坠下，危险已极，水龙不敢前进，只得远立施救，水力薄弱，致酿巨灾。受灾地区市民指出电杆着火最易肇祸，既碍消防，复关生命，特请市商会邀集电灯公司研究如何改良，以保公安，而强火政。

一九一七年四月二十六日黎明，风狂雨骤，雷震击断山塘街附近电线，以致线头坠下，附近公盛卤货店伙计路过时遭遇险情。振兴电灯公司却称此事为意外，并非无故断线之弊。

对于电线选用裸线所引发的种种意外，振兴电灯公司认为各地电厂均使用裸线，皆因裸线较外部有包裹之橡线更易于维护修理。公司辩称其电杆裸线均系聘请洋工程师悉心研究，以用紫铜裸线为妥善，盖因橡线内部或有稍事损伤之处，外面不易察看致误修理之故。是以江浙两省各电厂皆用此种紫铜裸线，至扬州、无锡、上海、南京等处亦皆用此紫铜裸线，惟南京电厂初开办时曾用过橡线，但橡线之弊防不胜防，故继续放线时即已改用裸线。

关于具体的改良方案，振兴在电线所经路线周边多家商号致函责问的压力之下，表态足感雅意，公司将对路线工程等切实深入研究，以期妥善。并将添派熟练技师长期定时出巡察看，遇有受损之处，随时更换，以保证线路时刻处于安全状态，使社会各界消除电线危险致祸之担忧。同时声明：目前已加派技师，将山塘街一带损坏杆线等各材料一律改换新料，务期完善，免肇危险。将来各地如有改用新式发明材料，振兴为推广营业起见，无不择善而从，设法改良。但于改用橡线一节则不置可否，认为如果橡线较裸线使用更为合理，公司自当早为改良，但如无天灾意外之变，橡线、裸线之优劣问题实际并不存在。

振兴电灯公司还限制用户自购电料。用户认为该公司所售电料定价过高，电灯不许用户自备显得颇为霸道，市场平均价格电灯每盏至多两元，公司定价五元，不免垄断居奇，即使用户愿买，公司物料也应酌量减价。振兴方面反称其所备电料物美价廉，认为苏州城厢范围内均归公司统一承装，每盏定价为四元，同类产品中振兴价格最廉，所用物料均系各国名厂订造上等之货，并不居奇，尽可调查。

按市商会决议规定，振兴电灯公司每装电灯十盏，即须装置电表一座。用户指出，装设火表宜以便利用户为首要目标，用若干电力出若干价值最为公允。住户无电表已颇觉不便，店铺收市之后，电灯更是大半废弃，一方浪费金钱，一方耗费电力，均属有损无益，要求照议案执行。振兴方面则表示公司已向外洋订造托罗平最新式电机数台，待运到并装置竣工后，将统一按约定装置电表。

该公司工人作业时，也多有扰民行为存在，或有带坍屋脊者，或有踏破屋瓦者，小户与之理论反被辱骂，只得忍气吞声，睹此情形，使人心愤懑。对此，振兴方面承认工匠外出工作之际，偶有损坏铺户人家屋脊砖瓦等情况发生，向由公司出资雇人修理完善；但声称如出现与人争端等状况，无不严为约束，因此事开除者已有多人，以后工匠如有此类无理举动，一经报告，公司立刻查办，绝不袒护。

一九一八年，传闻振兴电灯公司被暗售于日商，激起苏州市民普遍不满，纷纷拒用振兴之电以示抗议。由于当时振兴电灯公司经理不满董事长祝大椿将国人自身权益出卖于日本人愤而辞职，如是将丧权辱国事向外暴露，苏州民众得悉之下群起反抗，从而发起组织小公司，自备柴油引擎在观前街、接驾桥、东西中市、阊门外鸭蛋桥、大马路等处发电。又因上列各处用电需求尚不能满足，在上海采办了大量汽油灯补充，与振兴公司对峙。

该公司营业状况自此江河日下。江苏省苏州市档案馆藏（档号：I14-002-0190-001）《为市民违章私营电气事业请取缔事函苏常道》载：不意本年五六月间，当学潮剧烈之时，慰为谣言中伤，燃户惑于铄金之口，剪线停燃竟十之七八，公司营业一落千丈，不绝如缕。此尤均为出于燃户之自由，设公司惟感重大痛苦，宁忍须臾，不欲卷入当时之漩涡，与争一时之皂白，且关以共益公司董事龚子英、吴纳士、杨廷栋等加照核办。

一九二三年五月十四日，依照行政执法第一条及第六条第二款之规定，苏州地方当局迅即勒限振兴电灯公司停止送电，以免危险，而维安宁。九个月之后，交通部、江苏省省长公署来人，会同苏州地方官员，在市商会共同见证了苏州电气厂股份有限公司收购苏州振兴电灯公司的全过程，交割接收清楚，同日振兴公司正式废止解散。

二、苏州电气厂经营时期

振兴电灯公司暗售日商事件发生之后的一九一九年，正值苏州抵制日货浪潮高涨，加之五四运动浪潮，新电厂的建立被提上了议事日程。由苏州总商会谋取对策，召集各界地方人士开会讨论。当时民气激昂，群众一心，一致不点日本人经营之电灯。全市学生纷纷宣传，于是苏州电气厂得而进入筹建环节。新电厂发起人认为振兴电灯公司暗售外人，丧失地方主权，虽经各处市民分备小电机，但终非久计，筹办新公司不得不积极进行，以挽主权。

该年十一月二十日，新电厂宣布公司招股简章，修改条文，当场通过，刻印一万份，由苏州公益事务所出面致送苏州总商会五百份。江苏省苏州市档案馆藏（档号：I14-002-0190-026）《为送苏州市办电灯股份有限公司》载：苏州市办电灯股份有限公司章程前承贵会共同修正，兹收印就章程检齐五百份送请查收，夙执事系商家泰斗，登高一呼不难众山皆应，务乞鼎力提倡，广为招募。

苏州电气厂前经将招股章程分送市公益事务所与市商会之后，为郑重招股起见，由公益事务所会同商会集议办法数条，规定：为郑重主权起见，投资股东应具本国国籍，应无外资搀入，须由劝股员负担连带责任，如有查出照章程第十一、第十二条予以清退。由于电灯事业本属市政范围，由苏州电气厂创立者一再函商协助办理，公谊私情均难诿却，是以代为劝招股款，稍尽绵薄之力。招股总数定为三十万元，分作六千股，每股银五十元，当股本收足半数时，即可召开股东创立会，选举董事及监察员。

一九二〇年五月二十七日，每股已缴银洋二十五元，总股银收足半数之银洋十五万元，苏州电气厂至此正式成立。当日下午，股东创立会借元妙观召开，股东选举董事、监察员将次就绪，董事会连同股份章程造具股东名册、计划等书，正式呈报，请求注册。公司自此成立，定名为苏州电气厂股份有限公司，业务范围包括供给电光及电力，公司董事长为陈则民。

自一九二〇年六月二十五日起，苏州城厢内外马路街巷等地方所点电光路灯，由电厂与官方议定归苏州电气厂承办。燃点路灯植杆挂线之权，于订立合同之日起，凡在苏州城厢内外，概归苏州电气厂所有，旧有电灯杆木应由公益事务所知照振兴电灯公司一律拆去。但新电厂初立，未来不能即日接电，电气厂承允于六个月内另备机器，陆续接点，路灯凡电气厂灯杆所到之处，旧有杆线应令拆去。

一九二六年夏季，苏州电气厂开放日间用电，为工业发展提供动力。同业称赞便利，纷纷装置电力马达，以资出货迅速，虽负担较巨，利害尚足相抵，历来并无异言。

笔者并未寻找到关于苏州电气厂涉及慈善事业的相关资料，仅有可见的记载是当北洋政府行政院关于保护民营公用事业议案，经三十六次会议决议第三项各省市征收公用事业之营业税办法核议确立后，财政部颁布营业税大纲，任何省市官民均应绝对遵守。因苏州地方政府筹款困难、开源不易，经电厂董事会共同商榷，在国、省或地方政府未颁行法定营业税以前，仿照杭州市以电灯附捐支付教育经费做法，于官方应付电厂每月电力路灯费用项下，每月暂提一千元作为教育经费。

一九二七年时，受丙寅冬煤荒影响，煤炭行市逐日看高，往往有定煤而鲜交货，厂内虽有预储，但难以持久，高价之煤不能不勉力购进，几乎无日不在恐慌之中。电厂每月煤价骤增五六千元以上，一年共计多耗去银八万元左右。然而，该年苏州电气厂依旧获得了初步发展，长途干线已全易以水泥杆，所有支线则尽为农田便于灌溉之用，各方棚使用马达承揽碾米，以代人工。归并振兴电灯公司以来，积算各乡成本财产确在三十万元之谱，而所得各项乡区电费亦在六万元以上，日后增高可期。苟非中间事变多端，则纯损可以冲完，生财亦可折旧。

一九二八年，苏州电气厂成立近十年之际，股本已由最初之三十万元增至一百二十万元。后因收买振兴电灯公司负债过巨，提经股东会商议后，决定再次增加股资一百二十万元，由原有股东分别认股，前后股本总额共计二百四十万元。年前呈准国民政府交通部备案后，当年六月并奉工商部批准注册在案。该年，工厂经营已小有成就。公司自开始营业前后数载，对外抵制外股，对内共谋建设，经过无数艰难及多方准备，至该年已始得基础，日见稳定，资产尽臻殷实。长途高压输电线路也已遍及苏州境内，西路铺至望亭，东路也几近唯亭镇，前后不下一百四十余里。

一九三〇年时，新电厂召开第十一届股东大会，回顾从前所历十数寒暑，辛苦艰难，经营不怠，始得规模粗具，成绩渐彰。该年民营电业行业权益获得改善，如营业年限上限延长十年，由法令公布修改二十年为三十年。又如营业税一项，原拟照资本额征收千分之二十，嗣经民电联合会提出请愿，改照资本额征收千分之二。

一九三一年，该厂收益颇丰。该年利润已自建厂初期每年数千元起升至数万元，经励精图治、锐意创新，营业额亦达一百万元，收支相抵，有盈无绌，股息既有所恃，折旧亦可合法冲抵销。同时，苏州电气厂荣获了主管机关建设委员会颁发的荣誉奖状，并于各大电厂纪要刊内盛称该厂发展迅速，为乡村电化经营做出了贡献，为国人自办电厂中之管理得法者。

除收购振兴电灯公司之外，苏州电气厂还积极并购经营不善的小型电厂。一九三二年，昆山真义镇唯创电气厂由于经营不力，出现了电力不足、接线紊乱等问题。该镇距唯亭九里，分上塘、下塘，上塘俱是商店，下塘大都住户，面积虽较唯亭稍小，而用户确属不少，除用火表八家外，包灯足有二百余只。惟商店因电力不足，十有三四已报剪火，所剩亦不过一百二三十只而已，常因灯光发红，用户颇不满意，无不怨声载道。该电厂位于下塘之南，有二十四匹引擎一座，十三半基罗直流发电机一只（西门正货），内部装置颇觉欠缺，接火线紊乱异常。上下塘共有杆木七十支，多数尚堪应用。

苏州电气厂认为如由其接手，可操胜券，随即收买该厂，立让渡移转电灯营业区域字据。唯创厂厂主王唯吾带同证人章惧贤，通过中间人华子怡、胡麟士等，因真仪镇电机容量不足，无意营业，经过多次议商，将原有杆线、材料完全出让，归并于苏州电气厂公司名下继续营业。为避免出现电气事业转让中常见的三面议洽现象，原有路线附属品，暨租出物料与用户接线材料，让渡人情愿连营业区域整个出让，削本作价一千六百元整，当日成约，即收现金八百元整，又八百元期票一纸，尽于最近期内由苏州唯亭分厂开工接放长途杆线送电至昆山真仪区。苏州电气厂未接通电以前，唯创厂仍应暂负全镇状况，至唯创厂所有人欠人各项款债及原发电机等亦悉归让渡人自行清了处理，与接办人无涉。唯创全部财产均系王唯吾一人独资经理创办至今，别无其他纠葛，自成约归并移转后，任凭苏州电气厂营业，依法进行。

由于一九三〇年时，苏州电气厂高压杆线已衔接至唯亭镇，因而归并之后，直接由唯亭镇接输电线至该镇即可进行供电。唯亭镇至真仪镇其间距离计长约六千米，电气厂计划由六千六百伏特别高压输电至镇配电所。该项归并共耗资一万五千余元，所有输电配电工程概算如下：六千六百伏高压线一路三相五十周波，用四号光铜线，广木共计一百七十根，每档杆线连横担角铁、瓷头并工费约需五十元，共计八千五百元；配电所内设置三相变压器一具，并附属设备约需三千五百元；低压配电线计有杆线共一百档，低压线系用六号、八号、十号光铜线架设，每档杆线工料费约需三十五元，共计三千五百元。该次收购性质属总厂扩充，并不增加股本。该项工程计划于一九三一年十二月中旬动工，预计至一九三二年二月上旬竣工通电，历时约两月即告完成。

同年，苏州电气厂已开始更新换代，淘汰本厂旧有机器。河南开办普临电厂时，曾经中间人李子鸿先生介绍担保在苏州电气厂购置旧电机，全部价值两万元，仅收光洋五千元，尚有四分之三计一万五千洋元之债权存在，管理权却已全盘移交让渡。此次出让的机器部分属收归自振兴电灯公司所得，债权关系甚巨，无法听任普临电厂擅自连同机器出押。苏州电气厂为此要求债权落地，在第二期、第三期款到期时，按先前约定继续办理。为避免上述债权不按约定继续进行、形成经济纠葛，苏州电气厂专门派代表闪燕生进行处理，以谋求妥善解决办法。

一九三三年时，该厂之营业区域扩充至吴江地区。由于吴江处于太湖与淀山湖之间，人口较为稀少，虽名曰城市，远不如繁盛乡镇，故每月收入只数百余元。但因长期规划起见，苏州电气厂不得不量力扩展，以谋业务之增进。

该年，苏州电气厂再次荣获建设委员会颁发的荣誉奖状。江苏省苏州市档案馆藏（档号：I34-001-0023-052）《关于建设厅转发苏州电气厂荣誉奖状的公函》载：查鼓励事业之发展，端赖奖进，表扬成绩之优良，合膺荣誉，二十二年份各省市民营电气事业年报业已先后填送到会，经本会详加审核，查考事实，有苏州电气厂等十厂办理成绩尚属优良，核与本会订定之奖励民营电气事业暂行办法第二条之规定相符，自应给予荣誉奖状，以资鼓励。附发二十二年份得奖电厂名单一纸，本省得奖电厂荣誉奖状四纸，及各电厂指示单正副共十八张。附发名单一纸、指示单正副共二纸、奖状一纸，奉此。……此致苏州电气厂。

能够多次获颁荣誉奖状，说明苏州电气厂的经营状况较其他多数电厂为优。当时各电气事业经营实体对于经济、业务、工程各项措置每多失当，多沿于旧习，鲜加审查，事业既无改进，发展更难有望。为此，建设委员会为谋求改良各项弊端、树立良好学习对象，对于一、二等及办理较优之三、四等电厂特发给指示单，凡关于各该厂应行注意之点，择其重大者予以指示，俾各该厂应详悉症结所在，力谋改善之方，使全国电气事业咸臻完善，不负鼓励与发展民营电气事业之本旨。

苏州电气厂接手苏州电力事务之后，业务不断拓展，招股总量增多，营业区域扩充，经营环境改善，且多次受主管机构表彰，总体上呈现出良好的发展态势。

三、华中水电公司苏州办事处经营时期

一九三七年十一月十日，苏州遭受日机轰炸，苏州电气厂设备损坏严重，被迫停止送电。据苏州电气厂驻厂阮姓工程师报告：该厂胥门外发电所于十日上午被敌机在厂后投掷炸弹十余枚，炸毁高压总输电线四条以上，内部发电机、锅炉等设备亦因受强烈震动而停机，损坏情形一时无从查明。因检查非易、施工尤难，断非短时间可以修复，电气厂加紧组织人手分别检查机件，以力求尽快修理完竣，恢复送电。线路方面，火车站及娄门、吴江等主要线路均被敌机先后炸毁，均须设法修理，因正值敌机日夜肆虐，工人上杆困难，故而不得不延迟检修。再自沪战后，营业损失不堪其数，外线、路杆、变压器等设施损毁无数，亟待查明。

十一月二十日黎明，苏州沦陷。一九三八年一月，经苏州电气厂董事长陈则民协调，苏州城区最终得以恢复送电。

日寇早在占领上海之后，即设立了华中水电公司，谋求收并华人自办电厂，归其统一经营。一旦签订合作协定，便以日股百分之五十一、华股百分之四十九为基本持股原则，并派驻大批日员执掌全权。

一九三八年五月，华中水电公司派山地桑原及其他随员与苏州电气厂接洽，设法与之合作，当时苏州电气厂务期自力经营，故对于华中水电公司驻苏人员之合作意向毫不经意。

一九三九年十月，伪江苏省建设厅再次试图推进中日合办苏州电力事业，但终究未能达成一致。江苏省苏州市档案馆藏（档号：I34-001-0036-067）《关于请速派员来京协商中日合办水电事业》载：苏州电气公司览：奉省政府交下实业部上月庚电开：本部为谋中日合办水电事业协调进行起见，曾于阳日电达苏州电灯厂潘经理派负责代表来京洽商，以未圆满解决，尚希转促从速就道。厅长潘。中华民国二十八年十月五日。

嗣后日方对苏州电气厂发电所需之煤炭加强管制，不许自由购入及运输。一九三九年年末时，该厂在无锡购置了一船高价煤，因省府设卡征税，运到苏

州竟要过五道关卡，所费比买价高了一倍。

一九四〇年二月十七日，华中水电公司断绝了苏州电气厂煤炭供给，并催付所欠煤款。华中水电公司方面指出，苏州电气厂发电所用之煤炭乃系遵照物资动员计划，由日方能源管理机构监督配给应用，为维持友谊及苏州电气厂事业计划，特将配到煤炭之中若干部分发与苏州电气厂使用，上述办法已延续一定时期。兹因嗣后由日本配送之煤炭有显著之减少，经华中水电公司方面多方努力，排除困难而协助苏州电气厂之苦心无从继续，深为遗憾，迫不得已，请直接向能源管理机构购买，未来将不再拨给。同时，华中方面之前代为垫付之煤款，因供给停止，需进行账务结算，也要求苏州电气厂将欠付煤款早日结清。

随后，华中水电公司人员几乎天天至苏州电气厂查看煤量。预先订好计划，一遇停电即逮捕负责人，指为抗拒合作，用停电扰乱治安，并对该厂实行军事管制。同时，调运燃煤并恢复发电，诏告全市，名正言顺地接管苏州电气厂。但由于苏州电气厂煤场十年来大量积压，燃煤地基逐年下沉，地平线下尚有大量积存可挖，该厂通过掘地取煤得以苟延残喘。

一九四〇年三月十四日，日本特务机关正式宣布接收苏州电气厂，由军方委托华中水电公司经营。当日，特务机关布告苏州电气厂接受军方管理，并以此造成委托华中水电公司经营之事实接收。当时有广野部队经理部长土中佐，苏州特务机关广濑经济班长、宪兵队西畑特高班长率领部属，及华中水电公司电路课长川村金太郎及其随员十余人，至苏州电气公司接收管理，所有首脑人员均归日人主持，留用原有职工继续经营。

该年六月，华中水电公司苏州办事处正式成立，负责管理苏州的电力事务，职制设定处长、庶务系、会计系、调度系、营业系、电路系、发电系等，各系长分别主管各项事务。

至一九四三年，伪国民政府宣布解除该厂军方管理，但在华中水电公司与苏州电气公司未协定前，仍由华中水电公司照常继续经营，惟两公司间之协订始终未有接洽，解除军方管理亦未实现。

一九四四年八月，华中水电将办事处之职别变为处长及总务科、营业科、经理科、电气科四科，并任命该四科科长分掌各科，以期增进办事效能。该制度一直维持至光复之后经济部派员接收时为止。

在了解了华中水电公司苏州办事处成立及接管苏州电气厂的史实之后，笔者尝试从供电、燃料供给、电力设备维护三个方面，考察沦陷时期苏州电力发展概况。

供电方面，办事处接收初期未尝间断，供电区域不仅包括苏州城区，还包含了木渎、光福、横泾、西津桥、浒墅关、望亭、黄埭、陆墓、吴江、八圻、平望、盛泽等乡镇，及无锡之乡镇荡口、甘露。

此后各种工商业激增，加之各地避难居民来者日众，每日耗煤达一百五十吨之数，送电陷于困境，乃不得不实施送电限制，并与同里电灯公司订立馈电合同补充送电。

一九四三年十月至一九四四年年终，送电限制及强制节电加强。因苏纶纺织厂设有自备发电所，装有容量两千五百千瓦之发电机及全部新式设备，此段时间内停止不用。故办事处与该厂订立契约，拟于自身发生故障或在每天最大负荷时，利用该厂自备发电所发电。

燃料供给方面，该办事处所用之煤炭由华中水电总公司按月配给，所需数量或由上海或自北方转运至苏州，最初并无不足之感。

自一九四四年八月起，运输发生障碍，输入煤量渐减，至十一月间每月仅剩一千五百吨。因此，对于一般用户不得不采取强制节电办法，并设法混用洞庭西山所处之土产煤。十二月间，更规定工业用电需以煤易取。

一九四五年初，总公司方面配给煤炭完全停止供给，因而不得不采取本地自给政策，以土产煤为主要燃料，杂以菜饼、木屑等辅助燃料，送电量减至最少限度。

至三月间，燃料供给更趋恶化。为避免全部停电起见，遂停止供给工业用电（打水马达除外）及各乡区用电，电灯之限度亦再行减半。此后，由驻苏州小林师团协助营运燃煤，且本着自给方针，以土产煤为主要燃料，辅以军用煤及工场用煤，或向煤商购入品质上等之煤以助不足。

此后，公司方面亦偶有若干配给煤到达，以期最少限度之送电量得以继续维持。但土产煤质窳劣，好煤来源又时有中断，只得设法组织运煤船直接从浦口运煤至苏州，四月及六月曾三度到达。八月间，因战争结束恐沿途治安发生问题，乃中止运输。同时，施行工业用户以煤易电办法，未得普及即由国民政府经济部接收。

考察电力设备的维护保障状况，也可对华中水电公司苏州办事处的经营状况作一窥探。

发电设备方面，办事处负责接收人部坂友一率领其他人员接收苏州电气厂时，发电状况尚良好，运转并无间断。发电设备如西门子发电机及其他设备等，均经试用，完好无缺，每日发电时间长达二十四小时。随后又将主要机器全部拆卸，检查内部叶轮及控制器等，均未发现有不良之隐患，锅炉亦均无故障。

一九四一年夏季，西门子发电机发生短路而导致停电，是为发电设备故障之始。后随坏随修不胜枚举，数年之间因局势关系，本应增添改善之处均以材料缺乏未能进行，形成敷衍状态，对于机件之保养大有妨碍。一九四三年秋季，发电所内之最大发电机发生事故之后，发电设备及配件毁损多不能得适当之供给，自此，局部停电时有发生。

输电设备方面，办事处经营期间曾添设变压器多处，但历年所添增之变压器大部均属前苏州电气厂之储存品，其中之特别需用者由上海总公司供给。

输电所用电线最初亦用前苏州电气厂储存之铜线，后旧有之铜线告罄，以铁线代用，仅求能维持供电。历年除少数之低压线略有增添外，其他高压系统及配电所区域之分布仍依旧制，未加变更。

输电所用电杆自接收管理以来，虽竭力向上海总公司申请补给，但终感不足，故不得不用旧存之各种材料陆续修换添设，也大都用罄。几经设法，先后由上海总公司领到日本杉木电杆二百支，对于苏州全部电杆之修换实感无法应付，数年之中累计损坏者，只有加以绑紧了事。是故每当夏季台风过境及冬季北风强劲时，城乡各区均有杆木折断，成为灾害。

从上可见，华中水电公司苏州办事处经营苏州电力事业初期，依靠苏州电气厂旧有之积淀及自身之调配，尚可保持正常运营。但随着时局吃紧，物质供给越发不力，供电状况不断恶化，再也无法满足苏州城乡的基本用电需求，营业陷入僵局。

四、抗日战争胜利之后苏州电气厂经营时期

抗战胜利之后，苏州电气厂接收委员张宝桐当即回苏州主持电厂接收事务。一九四五年九月二十八日，张宝桐向江苏省政府申请协助办理接收期间供给煤炭、保卫电厂、查处窃电等维持电力供应之必要事宜。张向上级机关提出了几项具体要求：

首先，现存主要燃料之煤斤经秘密调查不足二百吨，敷苏州电厂维持十日之用，所有燃料来源目前绝无把握，断电堪虞。请求即日将苏州地区敌伪方面及普通商家现有存煤予以查封拨用，以济眉急，而利供需。如上项燃料恐慌仍难解除，不得已即暂时停止供给日电，专维夜间需要，以资节省燃料。

其次，苏州电气厂发电所位于苏城胥门外枣市街极西端，地处偏僻，四面乡野，匪徒宵小影响治安。请求调派直属部队驻厂严密警戒，俾资保卫。

再次，当前窃电行为影响供电。日伪管理时期，窃电发生至达全部供电额百分之五十以上。自该年八月初光复以来，军政机关群集城区，所耗电流甚为庞大，此项窃电及军政机关用电，究应如何处置，请求指示办理。

一天之后的九月二十九日午刻，张宝桐向华中水电公司苏州办事处处长西乡仙太郎递交了电厂交接备忘录，备忘录中详细规定了该办事处应将表册、资产逐项移交，在接收完成前需保障供电，原有职工需听指挥等。张要求日方将印信及锁匙即行移交，五天内备具在列，表册一式四份，送交审阅，主要包括以下各项：财产清册、资产负债表、损益计算书、人事组织表及职工名册。有关日方所有及占有之各项动产、不动产、现金、支票簿、档案、文卷等全部移交，听凭检收接管。上述各项在检收及接管完毕之前，应妥善保管，不得有所损失，并且有继续供电之责任，一切职工应绝对服从其本人及其指定之代表指挥。

华中水电公司苏州办事处处长西乡仙太郎表示对于备忘录所述均愿遵照办理。一九四五年九月三十日上午十时，苏州电气厂正式进行接收。此刻由张宝桐率全体职员先到办事处接收现金簿册、各处钥匙等物，午后即至发电所接收

机器锅炉等设备，并派职员驻厂继续供电，余下物品由驻厂各职员按册点收。

光复之后的苏州电力营业环境不尽如人意。

首先，电力营业税率呈不断上涨趋势。战前苏州的电力营业税最初规定为千分之二十。后经民营电器事业联合会据理力争，以电气事业为公用事业非普通商业可比，增加公用事业负担即间接增加人民负担，经呈中央主管部核订，得以核减为千分之二，之后调整为千分之四，比率较低。至光复之后，电力营业税率转而增为千分之十五。

一九四六年时，苏州电气厂即因无力缴纳营业税费，即向财政部呈请核减税率。厂方宣称自接收营业以来，收支不敷甚巨，积亏累累，各项积欠电费尚多，无法追讨，经济实难周转，对于其应纳营业税款更不胜负担，遂函请中国全国民营电业协会转呈财政部核减税率。

一九四七年十一月十二日，税率更增至千分之三十。该年年底，由于营业税税率过高，苏州电气厂又向当局请求按最低营业税率征收电力营业税。厂方提出：营业税更改为千分之三十，此项增加颇不合理。更进一步指出：修正营业税第六条规定制造业营业税减半征收；同法施行细则第四条规定，减半征收者以有关国防民生者为限制，经财政部、经济部会同核定为面粉厂、动力机器厂等二十二种，独电气工业未列入，所列有关民生工业之厂均赖电供给动力，电之重要性更在所列各业之上，自应特别减收。此外，国防工业及交通技术员工兵役缓征办法（一九四四年二月二十五日公布）第七条规定电气事业之技术员工得以缓征，是以电气事业有关国防工业可以确定，修正营业税法规定有关国防之工业减半征收，应增列电气事业一项。厂方还特别点明公用事业之性质特殊，政府向予优待提携，所有负担自应特别减轻，以支持民族工业。

除营业税之外，苏州电气厂还需担负临时摊捐，一九四六年苏州修筑环城马路时，苏州电气厂捐助修建环城马路工程费二百万元。

其次，当局征收的部分杂费也通过苏州电气厂收取，增加了该厂的负担。一九四七年，盛泽镇用户电灯费项下即需加收临时自卫费一成。该年三月七日，盛泽镇各界座谈会第一案提出因成本高涨，该镇雇用自卫队队士待遇应予调整，不足之经费应如何筹措，案当决议。该镇各界人士愿按原认额酌予增加，不足之数在本镇各户使用电灯费加收临时自卫费一成以资弥补，并专门通知苏州电气公司盛泽办事处。

该年七月，苏州电力路灯附加费亦由百分之十增加至百分之十五。苏州电气厂对此表示不满，提出江苏省各发电厂所附收之路灯费均在百分之五上下，百分之十已属过多，该厂正请求附收城厢路灯费百分之五，骤改为百分之十五是否适当，收取方面有无窒碍，应郑重考虑，以免发生纠纷。一直到中华人民共和国成立前夕，苏州当地驻军的副食费同样由苏州电气厂代收。

再次，燃料不足情况依旧延续。一九四五年十一月时，苏州电气厂即制定了以煤易电办法，规定工业电力用户使用电力需以燃料（煤屑）交换。其中马力总匹数三匹至九匹半一次至少交煤五吨，十至十九匹半一次至少交煤十吨，二十至二十九匹半一次至少交煤二十吨，三十至三十九匹半一次至少交煤三十吨，四十至四十九匹半一次至少交煤四十吨，五十匹以上一次至少交煤五十吨。用电度数不得超过供给燃煤交换所应得之度数，若有超过得减少其下次交换度数，或停止其交换用电权利。

厂方甚至对违约责任亦作出专门规定。凡电力用户缴纳各费，将应交之燃煤送至发电所后，即可开始用电。若确有燃煤为运输阻碍未能如期送到，而自信在半个月内可以送到者，得请求缴纳燃料保证金，约等于应缴煤量市价之两倍，燃料交到后无利发还。如约定期限内未能交到，则没收其一部或全部，如所解燃料不足者，仍得追偿。

一九四六年四月时，吴县丝织业公会即提出无力购买煤炭，电厂所用煤炭应由政府平价配给。公会提出苏地工厂除苏纶纱厂因有自备发电厂需购置煤炭外，其余约十家丝织厂、棉线厂均须仰赖苏州电气厂之电力为原动力，无需直接使用煤斤。由各业工厂自行联合价购，更于能力所不能负荷。由于战争期间日方的掠夺，丰年以来生产停顿、工人失业，建设前途实系堪虞。故而请求商会本救济地方工商之旨，设法以公用煤价拨给供煤处，由苏州电气厂正常开放日电，而安社会生产。

九月时，丝织业、布厂业、碾米业、面粉业等同业公会也称只需改变以煤易电办法，各工厂即可维持生产、减轻成本、保障工人生活。因当时煤炭供给实行配给制度，管理部门上海区燃料管理委员会配发苏州电气厂的煤炭不足以维持正常发电，故无法取消该项办法。苏州电气厂称自该年八月份起，虽奉上海区燃料管理委员会允许，略为增加配量，惟近来所配煤质欠佳，开放日电每日需燃煤一百二十吨左右，则每月不敷数量尚多。该厂对于维持目前日夜供电更感困难，且未来供煤状况尚难预料，一俟来源好转，专配量充沛足用，自乐于早日取消以煤易电。

最后，煤价的波动也造成了电价不稳，无形中压缩了电厂的利润空间。一九四九年年初起，配煤价格所依据之外汇及台币率随时调整，变动剧烈，几乎无日不在继长增高之中，电价与煤价之相去益远，公司所受威胁日趋严重。一九四九年二月二十二日时，苏州电气厂调整苏州电价为电力每度金圆二百二十九元，电灯每度金圆二百七十四元。三月十三日，即调整电价为电力每度金圆六百一十七元，电灯每度金圆七百四十元。至三月底时，不得不每旬调整电价一次，即每月一日起为第一次基数，十一日起为第二次基数，二十一日起为第三次基数。

从华中水电公司苏州办事处抗战后期糟糕的经营状况来看，苏州电气厂恢复及发展业务本就面临诸多困难，光复之后的苏州又未给电力事业提供良好的发展条件，营业税率既大幅度增高，额外差遣亦属不少，燃料供给仍旧不足，煤价又急剧波动，故而接收之后的苏州电气厂亦难有较大作为。

一九四六年，苏州电气厂即称自接收以来入不敷出、积欠累累，每月亏耗甚巨。该年，工厂用煤虽得以弥补，但营业收入仍不敷支出，月亏达数千万元。一九四七年情况仍未见好转，每月营业额均亏蚀累累，经济实难周转。一九四九年煤价的波动，更使电厂举步维艰。为减少一部分亏蚀，并在等待所购煤炭到货期间，将依据上级主管部门所颁电价计算正式说明第十五条之规定订收费办法，以求渡过难关。以上虽无法完全看清抗日战争胜利之后苏州电气厂的营业全貌，但也可管中窥豹，对其经营情况做一大致了解。

从上述分析可知，近代苏州电力事业经历了起步、发展、转折、衰弱等几个阶段。振兴电灯公司经营期间，苏州电力事业尚属起步阶段，电厂与地方社会之间存在诸多矛盾。苏州电气厂接手之后，总体上呈现出较好的发展态势，并取得了一定成就。但日寇入侵，中断了此种发展趋势，电力事业由盛至衰，从此进入低谷，仅能勉强维持供电，再未有较大发展。抗日战争胜利之后恶劣的经营环境，亦限制了该项事业的前进步伐。

第二节　命运不同的水与电

一、创设失败的自来水事业

自来水与电力同属城市公用事业之一部分。苏州的电力事业发展虽经历诸多磨难，但从未中断经营，而自来水事业屡屡招股筹建，数度夭折于襁褓之中。

早在一九二六年二月，苏州人许厚基因饮用水源不洁、有碍公共卫生，特发起组织自来水公司。其认为建设自来水厂于公共卫生关系密切，具有重要意义。为此，计划引进德国最新式自来水设备取水。机器选用德国最新式自来水机械，复用沙滤缸滤至纯洁，然后灌送各用户。取值以水量计算，预拟每加仑收费约一厘，每十二小时内可供五十万加仑之多。

该年三月时，许厚基开始广为通传各界人士征求设厂意见。之前，许氏已召集各界相关人士在青年会开茶话会，与会众人一致赞成。许氏指出其牵头发起建设自来水厂相关事宜，业经开会讨论表示赞同，窃思兹事体大，顺利推进必须征求各方面意见，以确定未来工作方向。将来如能顺利进入招股环节，其本人除竭力介绍外，理应请当地人士共同担任，以免垄断之弊。同时，要求各界人士不吝赐教，以资遵循。为此，就建厂招股一事专门通函各界征求意见。

不料，许厚基发出征求意见信函多日之后，回应者寥寥无几。许氏因而认为各界不表同情，遂中止已初步开展的自来水厂创建计划，并为表明心迹与真相专门就此事发表声明。

许氏声明其为苏地饮水卫生起见发起创办自来水，自去年十二月计划以来将三月，一切工程招股等计划俱早筹备。由于此事作为地方事业，不能不与地方团体通力合作。正月二十二日，已借青年会邀请已经规划路线内之各公社及商会、市公所等共议办法，是日议决。再致函上列各机关并另函全城各公社征询意见，以定行止。但去函半月而复者寥寥，且如商会等重要机关均未见复，仅市公所蒋董个人复函对于此事赞成。由此可知，苏州地方各界人士于自来水一道并不重视，独自进行不但纯属无益，且亦难望顺利。将来地方上如有人继起，自当尽力追随，以符初衷。

一年之后，当地人姚某又欲集股修建水厂，但并无下文。发起人借舆论之口表明：去岁春间，曾有许厚基君发起创备自来水厂征集各界意见，多数赞同，而一般绅阀土豪因挟有私见表示反对，因之许氏意态消极，中止进行。现姚某等鉴于城河污浊、饮料不洁，拟请贝润生为发起人，集股创办苏州自来水厂，在胥门外或葑门外建厂，汲取太湖之水，以供城内饮用。但不知为何，此次创设毫无反响。

至一九三三年，某华侨愿意投资四分之三资金在苏州创设自来水厂，建厂资金问题获得了解决，设厂事宜再次被提上议事日程。支持者精神振奋，认为创办自来水资本浩大，地方财力犹恐不及，有华侨愿意投资四分之三，地方人民只须筹措四分之一，此言如果确实亦为极好机会。据此，为公众卫生安宁计势难沉默，支持者故集合各界志同道合人士联名向市商会建议，恳求商会俯念公众安宁，登高一呼、万山响应，领导民众急切兴办，支持者则尽绵薄之力以作后盾，力求使三十万市民能早日实现安居乐业，实苏地社会之福。

以纱锻业同业公会委员徐炽卿为代表的反对者则提出了不同意见。他们认为自来水厂需权衡利弊、详细考察，指出凡创办一事，必于其中利害权衡轻重，而熟思审察之，然后定其可办与不可办。并提及解决饮水卫生问题的根本途径在于请县商会及当地绅士发起募集巨款，速将原有城河大加疏濬，使水通流无阻，则倘遇水灾或可无患，且饮料自可清洁。自来水的开设反而会使浴室、茶馆等需大量用水的行业多耗成本，且冬季龙头冻结、水管冻裂也需额外支出大笔修理费用，总之利少害多，因噎废食。从之后苏州再次尝试创办自来水厂的史实来看，此次创设亦属无疾而终。

抗战胜利之后，政府开始介入苏州自来水事业，计划由政府部门提供设备，筹办公营苏州自来水厂。政府方面表示自来水厂抗战以前早经筹划，估计需款为八十余万元，兹特重开计划，估算所需约三十亿元，数目虽不同，但比战前生活指数尚属低廉。之所以如此，主要是相关器材来自善后救济总署，自与订购商品不同。此次创办属机遇难得，若再蹉跎犹豫，将来举办恐更为不易。数经集议，决定筹办公营苏州自来水厂。并为尽快推进各项事务，已组设建厂筹备处。官方还呼吁兹事体大，端赖众掣，务希全市民众协力赞助，早观厥成，奠定新都市之基础，以使苏州卫生、消防两大方面均可获得实际改善。厂名拟定为苏州自来水厂股份有限公司，以经营自来水为主要业务，苏州市区及附近乡区为其营业范围。

该次创建自来水厂虽号称公办，但并未使用公款建造，而是制定了招股简章，通过招股方式筹集款项，故而此次建厂仍属商办性质。该次招股总额为国币三十亿元，共分三十万股，每股一万元。并将股票划分为优先股及普通股，优先股定为十万股，计十亿元。除由发起人认购三万股计三亿外，如认股人于优先股认股日期内一次缴认五十股计五十万元者，得为优先股；普通股定为二十万股，计二十亿元，得由认股人随意认定之。招股开始时间为一九四六年的十一月十五日，优先股至一九四七年二月二十八日截止，普通股截止日期则迟至一九四七年六月三十日。

由于官方的参与，此次劝股逐渐转为一种摊捐。当时的吴县县长沈乘龙为促成此次招股，亲自宴请苏州各工厂、各同业公会负责人暨各乡镇长。席间即摊派大中华火柴公司认股五千万元，该公司负责人称为数过多，需请示总公司。嗣后又经数度磋商，因沈氏坚持要求该厂以赞助地方公益为重，最低限度入股三千万元。该厂随即称兴建自来水固为繁荣苏地市面所必需，而此次一切设备据述系由官方廉价配给，更为难得之机会，此间各界均热烈赞助，该厂在苏地亦为大厂之一，环境所迫，只得勉为应允。由该厂陈总经理奉批以公司名义照认三千万元。

筹备期间，县政府下属各区公所为征催股款，几乎停止了其他一切公务。追款紧急之时，镇乡职员有因劝募不力而被撤职者。商会因此舌疲唇焦，各业公会碍于情面忍痛凑付，常有烦言。此次招股正值物价波动最为激烈之际，教育经费本已枯窘，却被挪垫修建自来水厂，使得教职工役俱受损失。此外，苏州各乡镇监证费压捺许久，经省政府及吴县参议会决议，竟然也被拨充自来水经费。

即便如此，从一九四六年十一月十五日开始筹备起，至一九四七年六月底止，发起人方面所缴股款不过七千八百七十万元，保甲方面所入亦仅四千八百八十万五千元，总计不过一亿二千七百五十万五千元，不到计划股本国币三十亿元的二十分之一。此种状况下，反对声音层出不穷。吴县参议会甚至称已受苏州电气厂之压迫侮辱至甚，复当国家危机之际，粒食艰难，自来水为不急之需，计划不明、经济无着、成功难期、形同取巧、恶因可怖，同时苛扰着其他急切地方业务，拟即饬停止募派等一切活动，节省民财，保证地方公共权益。此次创办活动最终亦不了了之。

直至新中国成立后的一九五一年，苏州的自来水事业依旧未能建设成功。江苏省苏州市档案馆藏（档号：I14-003-0460-013）《苏州自来水厂筹备工作报告》载："股东先生：本市自来水工程前经各位股东投资倡导，现已粗具基础，惟以经费关系，建厂工程尚未能迅速推进。兹为早达出水目标及奠定发展基础，经本会议决续募集股款十八万股（每股一个苏州市折实单位），此事有关各位旧股东之权益，特规定先尽旧股东增资三倍，另函征询台端意见。除募股办法随函附奉外，兹再就各股东关心之各项问题，扼要解释于后：一、苏州自来水建设进行到什么程度，哪一天能出水？二、为什么又要旧股东增认新股？苏州自来水公司筹备委员会启。一九五一年一月。"

二、水与电命运不同之原因探析

通过上述研究可知，近代苏州自来水事业前后几次创办失败，多是由于招股未成所致，这就需从招股环节入手，探析其创建不力之原因。苏州地区水源丰富，水质清洁，有着创办自来水的先天优势。该地西南靠太湖、东北有阳澄湖、东南有尹山湖等，水利极为充沛。胥江的水尤其清洁，并非上海黄浦江里和着泥沙煤炭的水。苏州的工厂很少排放污水，清滤较为便利。江河密布，自来水外网水管可放置于未填没的河里，省去了挖沟与填埋的辛劳。

许厚基在苏州筹办自来水厂之时，报纸舆论极为其造势，认为未有自来水之时，苏州生活用水卫生状况较差，自来水的出现将明显改善城市用水质量。《苏州明报》一九二六年三月二十三日第四版载："一更一点月东升，呒呢苏州城，咦呀得而哙，接近太湖滨，所以取水蛮称心，水又清，但是到子城里厢要混，咦呀得而哙，沟水仿佛能。二更二点月渐高，一到冬天交，咦呀得而哙，雨水渐稀少，小河里头混淘淘，臭气飘，妇女们呀，汰菜把米淘，咦呀得而哙，再拿马桶捎。三更三点月当顶，实在勿卫生，咦呀得而哙，易染瘟疫病，一勿得法见阎君，险凛凛，但是闸叫，无不法子生，咦呀得而哙，只好如此能。四更四点月移影，现在有救星，咦呀得而哙，自来水发明，吾邑绅士许博明，倡办人，前日子呀，会齐许多人，咦呀得而哙，讨论共进行。五更五点月西沉，各人才赞成，咦呀得而哙，商议路线分，总管决计进盘门，到城心，分配水管，各家用现成，咦呀得而哙，受益着实深。"

市民态度消极。舆论认为，苏州地方人才并不缺乏，然大半不肯帮助，抱着消极态度，你们来请我我就来帮你，到现在果然不出所料，许厚基先生受这种影响，即无法继续开展自来水厂建设工作。

此种风气，首先在于苏州地方人士守旧不化。苏城河道淤塞，水源污浊。许厚基一片热心、为谋公益，竟不幸因赞成者寥寥之故，宣告中止。观于此，即见苏人守旧不化之一斑。

其次，缺乏公益之心。创办自来水是为发展社会事业。苏州河道淤塞、水源浑浊，自来水既有益于公众卫生，更裨益于火政，关心社会事业及注意公益者，当乐为赞助者。许厚基议办自来水，为发展社会事业与地方公益计也。昔之积极进行，转而意态消绝，岂许君之有始无终乎，亦慨乎地方人士之无公益心耳，一言以丧邦。

再次，目光短浅。舆论认为苏州虽为富庶之地，但是要大家出一百万块钱来办实业，恐怕就不大高兴。就是出乎意料凑到了几十万块钱，那么人才不兴，势必失败。因为苏州人眼光很短，一次失败，第二次再也不敢尝试。苏州的实业市政哪样都有待振兴，这一次失败，要想第二次再来，恐是极不容易。并且举例：国民制糖公司招收第二期股本十二元半，但是苏州股东因公司受战事影响一度停顿，就不大相信了，大家观望不前，这时公司已经开工制造，却势将停顿。

历次自来水厂创建过程之中，创办者皆以饮水卫生与有利消防为创建之理由。一九二六年，许厚基初次筹办自来水厂时，即列举了自来水有着讲求卫生、俾利消防等种种优点：自来水复经沙滤，质纯无滓，最合卫生，利益一；自来水取之无穷，用之不竭，装置利便，应用自由，利益二；自来水汲引极易，取值极微，既省人工，复节经济，利益三；自来水虽遇严冬，无虞干涸，虽奉炎暑，倍觉清冷，利益四；自来水源清流洁，最宜饮用，水压激射，尤便洗干，利益五；自来水有裨市政，其利皆知，辅助消防，厥功尤伟，利益六。

一九二七年，苏州再次拟设自来水厂时，也宣扬如若创设成功，不仅饮水清洁，且于卫生消防有着诸多益处。

一九三三年华侨投资筹设水厂时，亦指出建造自来水厂是为了改良因河道干涸引起的饮水不洁及消防不便。华侨指明，为由于苏州河道涸塞，水源不仅不洁，且遇火警不易遏止，为民众提倡兴办自来水，是为俾利饮用而便消防，设法改良市政之计。各先进国家人民饮水以及消防均靠自来水为惟一生命，独中华大国除少数通都大埠仗外人改良办有自来水外，余皆自来水不多矣。苏城人口已达三十万之众，河道涸塞，专仗井水，既不卫生，消防又不相宜，对自来水一事实有急切兴办之必要。

抗日战争胜利后组设苏州自来水厂股份有限公司时，同样认为给水之良莠既事关居民健康，又为消防提供了充足的水源。主导的苏州地方政府指出：进化之都市必具计划之设备，端诸纷系，卫生建设实为首要，医疗救护乃治标办法，治本之计端重给水，人口密集支取，疾病死亡每多充斥，实系于给水之良莠；且改善给水对于促进居民健康、增加工厂动力、发展经济、繁荣都市实具密切之联系。在调研国内各主要城市后进一步认为，各都市改善给水设备显著成效者数见不鲜，苏州人口繁盛，为内地一大都市。胜利以来，数十万居民所需水源未能洁净，卫生健康倍受影响，改善给水计划刻不待缓，且民居鳞次栉比，设不戒于火灾，虽有消防器具，辄因水源不足，致呈燎原。

但上述理由并不能为苏州自来水事业成功招股增添筹码。未有自来水时，社会中上层人士多雇人挑水饮用，装设自来水为该群体人士生活带来了便利。

自来水的出现显然能够使居住在热闹地带的富有居民改变雇工挑水的习惯，装置自来水以便利日常生活。但对于普通市民来说，使用自来水会增加其经济负担。当时苏州商业衰落、城市萧条，失业工人日多一日，城中所居贫民尤占多数，向在河中井中取水者不费一文，装设自来水则一饮一酌非钱不可生活，增添其生活成本。

此外，当时人们通过井水烹饪的茶隔了一刻就变成黑褐色，即知晓井水并不宜供饮用。然而一则此项科学知识在当时并不普及，二来由于贪图小利的心理作祟，当井水足以应对日常生活所需时，多数市民并不愿多费金钱接用自来水。然而苏州城厢房屋前后十之八九挖有水井，足够应用，普通市民并不愿添用自来水增加费用。甚至在井水过度取用，导致河水干涸、水源枯竭之时，普通市民仍然会雇人从较远的城外挑水入城进户，以维持日常生活所需，而未必会选择每加仑收费约一厘的自来水。

当时新式自流井较为盛行，广告同样宣传其有着水质清洁、注重卫生、永不乏水等特点。专门建设新式自流井的凿井局出现于市场，宣称因谋地方公共卫生及工厂、农林、畜植、学校、家庭便利用水起见，不惜重资悉心研究自流井工厂，分设苏州钱万里桥营业。专门设此自流井泉，永无乏水之患，水质清洁，其味甘芳，对于人民饮食、少生疾病，诚为天然之醴泉也，费初建之资金，享永久之利益。

此亦颇受地方当局之青睐，并加以大力推广。1929年时，苏州地方行政主官鉴于城内河道淤浅者多，水流浑浊，水井多用旧式，建筑疏浚必未合宜，亦无清洁饮水可得，令工务局察酌情形，探寻本市境内情形酌量规划设置自流井地址，多设自流井，拟其计划，呈候核夺，以使饮水清洁、兼重公共卫生，这也对自来水事业的开展构成了强烈冲击。上述种种史实，使得投资自来水事业在近代苏州较难获利，发展前景堪忧。

近代苏州，缺水导致的火灾蔓延确有其事。1933年，养育巷发生之火灾竟延烧十三家之多，损失达五万元。其原因即为取水不易，无法挽救所致，一旦遇有火警，相顾失策、任凭漫延。居民处此状况，有旦夕危险发生之可能，呈现出惊心动魄之势。自来水的创设的确有助于改良消防。苏州工业专门学校土木科的学者顾厚熙认为：本地的救火事业很不完美，有了自来水，一定能够消弭许多损失，减少许多危险，社会上一定很受欢迎。但消防事业的完善并不能为诸如大中华火柴公司之类作为投资主体的工商资本家带来直接利益，故而他们对于招股事宜态度消极，认为消防问题可通过多开公井给予解决，而无需建设自来水厂。

除了较难获益使工商资本家对于自来水事业望而却步外，当前述某华侨意图投资，建设水厂所需资金基本解决之时，他们首先怀疑自来水的开放会引发河流干涸，致使货物运输成本增加：苏城原属水区，河道交通向称便利，举凡货物往来向以船只运输，倘遇天灾水患全仗河道通流湖海，若行自来水之后，势必河塞港淤或至填平，水患无从疏泄，其平时操舟为生者亦相继失去本业。维持旧有局面则运输物品亦可省费，船户生计不致断绝，平民负担不致加重，诚一劳永逸之举耳。其次，担心自来水厂出现垄断经营：现在拟办自来水者关心饮水及救火两个问题，实则欲达其垄断专利目的而已。种种疑惑，更使工商资本家们对自来水事业产生了抵制心理。

与自来水事业相比，苏州的电厂至少在初期的电力事业起步与发展阶段，是获利颇丰的。一九一七年时，振兴电灯公司每月可盈利一万八千余元。据详尽考证，就用煤成本而言，振兴自述每天用煤十八吨过于夸大，外界估算每天用煤不过八九吨则亦趋保守。振兴电灯公司经理赉敏伯所称外界灯数为二万盏亦过少，按照供电总量估算约为三万盏电灯，以煤有优劣，炉有良窳，烧火手法亦有善否，则每天用煤需十二吨。即照二万盏灯四分二厘五算，每天收入计八百五十元，烧煤十八吨，用煤不过合洋四百元，官利折旧每天至多百元，其余薪工开销一应每天至多二百元，尚有余利一百五十元，若照三万盏算则每天可余六百元。

而细读由苏州电气厂历年营业报告整理出的表1-2-1可知，苏州电气厂自创立第二年的一九二一年至一九三六年这十六年，有十二年都处于盈利状态。

近代苏州的电力事业能够创立并发展，自来水事业却始终未能建设成功，这并非偶然现象，而是与该种事业能否获利有着密切联系。电力事业在时局较为稳定的环境之下是能够获取收益的，但至少在投资商的心目中，对于自来水事业能否获利存在着重重疑虑，这最终导致了该事业的创设失败。

表 1-2-1 苏州电气厂一九二一年至一九三六年盈利状态一览

年 份	盈利状态
一九二一年	纯损四万六千二百六十四元七角一分
一九二二年	纯损四万八千四百四十九元〇三分
一九二三年	纯益五万五千八百八十五元八角五分
一九二四年	纯益六万六千九百〇二元〇八分
一九二五年	纯益六万八千七百三十六元五角
一九二六、一九二七年	纯损二万四千三百六十五元六角九分
一九二八年	纯益十万二千四百九十三元三角
一九二九年	纯益十一万〇六十八元二角六分
一九三〇年	纯益十三万九千五百九十七元五角
一九三一年	纯益十五万三千四百七十五元一角
一九三二年	纯益十五万四千六百五十二元六角二分
一九三三年	纯益十四万三千五百一十五元八角
一九三四年	纯益十八万六千一百一十元四角四分
一九三五年	纯益五十二万九千二百三十二元三角五分
一九三六年	纯益五十二万一千九百九十元五角七分

第三节　振兴电灯公司暗售日商传闻之考证

一、缘起

一九一三年振兴电灯公司所获苏州燃灯租地合同于一九一八年期满之后，苏州部分人士拟自办电厂，并试图阻止合同续订，后遂传出该公司董事长祝大椿将公司售于日商之传闻。地方绅士认为电灯一项为地方公共营业，纯属市政范围，苏州一市在前清末由无锡商人祝大椿承办，乃属权宜之计。以后地方制度大定，民国二年十二月十一日苏州市董事潘灏芬与该公司议订合同，以重市政、明主权。

当一九一八年合同期满之时，苏州绅士们正集议由地方收回自办，不料祝大椿竟有将公司全部售于日商之事，风闻已订有密约由日商出资银若干元，分期交款，其表面则暂用华人出名，以欺地方耳目。苏州地方各界得此消息，愤激言状，并请求官方派员彻查办理。各界人士注意到振兴电灯公司与苏州市政公所所订燃灯租地合同已于民国七年七月期满，是项营业纯粹属于市政，历经绅商协议，均拟筹归市办方为正途；即使并无洋股，而此项灯事业本属于市政范围以内，当然应归全市共有。

该项传闻源自振兴电灯公司的一次招股活动。祝大椿称其在沪业务较多，较难专理振兴电灯公司之事，因此与各股东再三商议，必须有当地人士协助办理，以遇地方与公司接触之事易于解决，彼此感情亦较易融洽。此外，振兴自开办以来，营业虽渐次发展，盈余悉数添置机件，却从未分给官利、红利。各股东之意在于营业既有盈余，自必各望分得红利，公司财产逐步增加却实无现款可以分给，因拟扩充股额添招股款，即按机件价值、营业状况，所扩充之股额及新入股款提给旧股东分配官利、红利之用。坐此二因，遂有此次添股之举。

招股合同规定，苏州振兴电灯公司代表祝兰舫为甲方，共益公司代表龚子英为乙方。甲将苏州振兴电灯公司之现有基地房屋及机械器具、其他材料、各种设备、在栈预备用品、营业权、商号一切按照现状列出目录，交付于新公司。乙用同一之商号，按照公司条例组织股份有限公司，为同一之营业。新公司资本总额定为五十万两，甲认缴十五万两，余由乙全数认足。甲所有之产业全盘估价七十五万两整，财产检点清楚及事务上必要之账簿一切完全移交，手续妥帖。新公司成立后交付甲现款三十五万两、股票额面十五万两，由新公司交甲可靠之期票计银二十五万两，言明以六年为期，年息五厘，利息按六个月一付，此款由新公司担任，另行借款交甲。

移交手续定于一九一九年一月一日完毕，营业之账簿亦于同日更换。旧公司之债权债务由甲自行处理负完全责任，与乙无涉。旧公司发行之股票应于一九一九年一月一日由甲收回全部交付于乙，如有一部分未收回，应由旧公司及甲个人负完全责任陆续收回。该合同为新旧公司授受之合同，俟授受妥帖代价清缴即行作废。新公司以祝兰舫、龚子英、洪少圃、杨翼之、吴讷士为董事，杨玉沧、叶养吾为监察人。

合同签订不久，振兴电灯公司经理蒉敏伯突向外界宣称该次合同实际为密售日商，并辞去所任经理之职，宣布与振兴电灯公司脱离关系。之后还亲赴苏州总商会作证，指明购买振兴电灯公司者为日本大仓洋行，计价七十五万元，振兴方面则由杨廷栋出面承办。

二、抗议

消息传出之后，苏州市民纷纷购置小型发电机自行发电，以示抗议。数目总计有三千盏之多：都亭桥，发电机一部，三百盏，燃户约六十家；南濠街，发电机一部，一百盏；燃户约十家；同云坊，发电机一部，二百盏，燃户约二十家；老苏台，发电机一部，二百盏，燃户五六家；新苏台，发电机一部，二百盏，燃户五六家；金阊公社，发电机一部，一千盏，燃户一百二三十家；马路公社，发电机一部，一千盏，燃户八十余家。以上共计发电机七部，计灯三千盏，燃户约三百家。

振兴方面对此给予强烈抗议。认为电灯公司必呈官厅核准立案方可开灯、经营电气事业必呈核准立业方可进行，如有私自营业即于处罚。近闻各处有购置小机器自行发电者，违背部章、任意捣乱，不仅妨碍振兴电灯公司的正常营业与正当商业权益，而且设备未周，恐发生意外危险，严重威胁着地方治安。影响所及，势必使各处效尤，全国电业公司俱将蒙其损害。因此，依照部章，恳求官方对于已设者劝其停止，拟设者劝其取消。

振兴本厂工人听闻公司出卖于外国人之事，亦因担心生计断绝而举行罢工，致使苏州电灯不能开火，公司经理赉敏伯遂电请董事长祝大椿由沪回苏平息事端，并报警予以弹压。之后厂方将为首之工匠开除，并由各工头担负责任，恢复正常工作。

道养市民公社则召开公社联合会，致函电灯厂质问，但并未收到明确答复，故而请求商会函催实际情形，迅即函复，以慰人心。并开列五条建议呈请商会转达：①路灯光线黑暗，宜重换灯泡；②刻下水运便利煤价渐平，前加每盏二厘半应即取消；③凡装灯头满十盏应装火表，可免私装之弊，未满十盏者装小火表；④路灯电线宜加包橡皮，以免生命危险；⑤灯泡物料宜平价发售，使用户灯头可归一律。

但五条建议经报载之后，个别人士提出不同意见，认为应先确认出卖电厂情形是否属实，而上述五条建议是为无关紧要之事。其通过报纸了解事件经过后，提出苏州人民听闻振兴电灯公司招纳日股在内，因而奋起抵制，去函询问以后却久未回复。忽见报登道养市民公社致贵会函列具办法五条，就其自身观察，现在大众须先讨论对于出卖是否承认、洋股能保存否，此大疑问也。道养办法纯粹是最后拟订合同上之手续，非目前所需。

四隅、胥江、马路三市民公社也因电灯事业关系商户营业至甚，要求振兴电灯公司将关系招股之一切手续及股东名单早日发表。三公社读各报登载振兴电灯公司私售外人、众人抗议，及该公司员工要求分红几致罢工之事，认为年关将近，各间商铺业务繁忙，如果事态扩大，关系营业。三公社代表阅一九一八年一月十七日祝大椿呈送商会函称以添招股东、改组董事，并无别故等语，惟既系按照商律添股组董，一切手续及股东名单在此群情惶惑之时何不早为发表，以释群疑？为特公推社员王明泉、李小松二君持函到会，希将一切手续名单抄示。

阊胥市民联合会则对该合同是招股或是出卖提出了质疑。认为振兴电灯公司暗售外人，经地方绅士之反对始呈报官厅，称为加添股本、扩充营业；而复总商会函亦谓公司从未分给官利、红利，因此扩充股额、添招股款，给旧股东分配官利、红利之用，故向京沪苏等分别招认。据此指出祝大椿所订立之招股合同实系完全售出，与加添股本自相矛盾，仅按照该公司表面上自行抄寄发表者，已大有查究之处。

同时，联合会将振兴电灯公司发表之股东账册与其公布之合同进行比较，认为两者存在诸多矛盾，并据此总结出该公司托名为招股，实则为售卖。指明该公司印刷之报告股东账册与前函附录之招股合同大相矛盾，虚抛巨价、私下分肥，实有令人骇异者。具体条目如下：

其一，付招股报酬四万三千两。此项实际为经手人之佣金，按照三十五万计算岁至一成二厘三。

其二，付总理、董事红余三万二千六百二十五两七钱〇九厘、付经理三万八千〇六十三两三钱二分八厘、付股东二十一万七千五百〇四两七钱三分六。此三项系历年派给红利之外，照现在新售出之余利私下分肥者。

其三，付股东历年派净余红五万二千三百七十九两。历年派净余红则明明历年之红利早经派给，而此尚系派给之外余存，与函称从未分给红利矛盾。

其四，付股东本年官利十一个月二万〇九百三十六两六钱六分。既称本年十一个月官利，则以前之官利亦早经给付，与函称从未分给官利矛盾。

其五，合同中规定总股本之七十五万元，而股东账中列明派分股东及红利等至四十八万二千余两，实收现款仅四十七万五千两，扩充股东及经手人等之腰囊，与营业之扩充无关也。

因此断定，招股合同中所述为添招股本、扩充营业，但实际为售卖。

本地绅士陈则民在民国初年曾当过国会议员，后担任执业律师，亦认为振兴电灯公司托名改组、私售日商确实有据，并指出该公司致苏州总商会信函中所列之招股原因及招股合同、股东账册等，均存在诸多矛盾及疑点。

振兴电灯公司所称招股原因之一是因电费加价及路灯光线等问题使市民与电厂之间发生争执，需有当地人士参与管理，以免发生冲突。

陈则民认为，营业不便无需招股改组，该公司之行为适得其反，由此理由可说明该公司以前办理之实有未善，确有不满意于当地人士之处，出于该公司之自述，直认不讳。然之前当地人士不满意于该公司者，因其对于用户限制过酷，灯光暗淡不明，只求其营业方法之改良，尚非对于该公司根本上有所恶感，该公司果有真正觉悟，当力谋用户之便利，再与当地人士联络感情，绝不产生改组之原因。今该公司改组矣，试问与当地人士之感情如何？苏州最繁盛的金阊一隅，因查灯滋扰，剪线停燃者屡屡出现，该公司所谓谋当地士人与公司之感情融洽者适得其反，此可见该公司之改组别有用意也。

该公司招股之另一原因为开办以来营业虽渐次发展，但盈余皆用于添置机件，从未分给官利、红利。股东则认为公司既有盈利，应当分得红利，因公司无现款可以分给，拟扩充股额添招股款，以新入股款提给旧股东作为官利、红利之用。

陈则民指出，公司因股东欲分官利、红利而添股者已属奇谈，历年以来是否未曾分给官利、红利姑且不论，该公司既称营业渐次发展为盈余之公司，盈余之款悉数添置机件，无现款分给官利、红利，则借债分派亦尚合算，岂肯以盈余之公司为分派官利、红利之故而骤然加添新股，以绝大利权让之于外人，既非因公司之亏折，亦非为必要之需款，焉能如此？而既称招股为分派官利、红利之用，则招添新股之数势必合乎分给官利、红利之数，却并明示官利、红利之数额为几何？乃以公司原有之资本估计，旧公司项下仅只认十五万两，余者悉属新股，照所估公司财产价值为七十五万两，而在旧公司一方显为退出股款五十万两，股款既系退出，主权随之移转，实际为作价出售，而并非为分配官利、红利而添股。

陈则民还对招股合同与股东账册所载条目可疑之处一一指出。

第一，提出招股合同既载公司财产为七十五万两，而旧公司认股及所谓新招者亦只及五十万两，于公司之资本丝毫未加，且反负二十五万两分年拨还之债务，一转移间不过易一公司之主体而已，“添股”之“添”字无从解释，自欺欺人，实堪痛恨。

第二，振兴电灯公司所公布之股东账册第一项所列之招股酬金四万三千两，陈则民以为并非为招股之酬劳，实际是出卖经手人之佣金。

第三，股东账册之第五项所列之付股东历年派净余红五万二千三百七十九两、第六项所列之付股东本年官利十一个月二万〇九百三十六两六钱六分中之历年派净余红、本年官利即可推测，振兴电灯公司历年曾大量派发官利、红利，与其函称所谓从未派给官利、红利者大相矛盾。

第四，股东账册第七项所述除付旧股十五万两外，应摊七万八千四百两，陈则民更直言不讳旧有股份已摊还股本，该公司却托词为添招新股，并未分给官利、红利，是为欺人之甚。

第五，新股之招股过程也遭其质疑。陈则民认为，既称向京、沪、苏州等处分别招股，京、沪、苏州等势必有招股之经过事实及招股之章程，或曾登载日报或嘱托商会及市公所代招，该公司能略举一二以证明其招股之事实否？苏州人士对于电气事业极为注重，该公司如真有招股之事实，则投资者必踊跃争先，亦何必再求诸京沪间乎？明系售与洋商之秘密结合，新股悉属假名，甚至有私赠金钱若干，而令其承认为新股东者事实凿凿。

三、调查

由于社会各方对于此事颇为关注，官方亦开始介入调查。一九一九年一月时，苏常道尹王莘林即因警察厅呈报振兴电灯公司工匠听闻该公司出卖于日商而发起罢工，认为传言非属无因，电气事业非别项营业可比，增加股本或变更公司内容，亦应先行呈复核准，不容私自变卖或任外款侵入，致损主权。究竟其中实情如何，自应确查核办，除令警察厅外，合函令仰吴县知事温绍樑确切查核，详细具复，勿稍违延。

同月，吴县绅士孔昭晋等人也向江苏省实业厅举报苏州振兴电灯公司董事长祝大椿贪图私利，暗售外商，即日实行，苏民全体誓不承认，并请迅予派员彻查。该厅亦称电气事业为地方要政，究竟该公司是否暗售日商，应即彻底查究，令吴县当局迅即查明核办具复。

吴县公署即派委员胡炳慕会同阊区警署署长袁季梅前往振兴电灯公司调查真相。当时该公司经理赍敏伯因事赴沪，公司中各司事不能接洽，遂在阊门外各商店中询问。有谓该公司出售外人之说实非无因、确有其事者，有谓内容如何非局外人所能明了者，纷纷议论，莫衷一是，窃以口头言语，毫无凭证，势难相信。

后闻赍敏伯回厂，胡委员旋即会同袁署长复往该公司详细询问。当据该经理赍敏伯声称：新股均系京沪等处招集，外边传言加入外股之说不实。同时胡、袁二人验证了新订合同及新股票上确有不得售卖或抵押非中国人，违即作废等字样。但二人一再磋商，以兹事体大，不可以一纸空言遽而呈复，故又去函该公司，要求将真相明白答复。

祝大椿函复前来，并准市民协会函知，定于一月二十五日开会讨论，到会者有市民协会会长刘传福及绅董蒋炳章、陈任、宋铭勋、范端信、丁怀棨、徐浩然等二十余人，并邀请胡委员与袁署长前往赴会。与会人员大多认为该公司所订合同第一条所称甲将苏州振兴电灯公司之现有基地房屋及机械器具、其他材料、各种设备、在栈用品、营业权、商号一切按照现状登记，交付新公司一节其语意颇似出卖，并非加股口气，且查共益公司代表一语亦甚含混，其中难保非外股之代名词，实毫无疑义。

三月，吴县公署、警察厅又致函振兴电灯公司，要求该公司各董事将此次招股事件内容究竟如何，有无售卖或抵押外款，签名盖章据实回复，以凭核转。振兴电灯公司则称此次改组不过将一部分之股份让受于新股东，在老股东方面依然居其弱半，绝无与外人发生丝毫关系，并称新股票上已注明不得售卖或抵押于非中国人，违即作废字样，已于本年一月间呈报各官厅在案，兹承垂询。并再联合声明该公司实无外国人股份，该公司董事长祝大椿等人均系入股成员，自会共同负责。

六月，交通部、江苏省、苏常道等逐级下令吴县公署，称振兴电灯公司售与外人一节事关国权及公司组织，究竟真伪如何，令其彻底查清，以明虚实。

吴县公署再次函请苏州总商会查复，并由该公署派员调查真相。苏州总商会则向吴县当局提交了振兴电灯公司原经理蒉敏伯的签字议案，将售与外人一节复稿内加以切实按语，称此人既为本会会董，又为该厂经理，于本年三月十二日开会当众报告祝总理秘密告知将振兴电灯公司售于外人，将证实该公司暗售外人情形。

七月底，吴县公署声称振兴电灯公司抵押外款一案奉省部令饬查办，该公署亦数次令苏州总商会暨公益事务所查议具复在案，谨据商会报告公益事务所如何查议，未据声叙，而地方实业调查应仍查照前令，知会该所赶速确查，核议具复。

因祝大椿屡次向苏常道呈诉部分苏州市民违章私营电气事业，妨害公司权利，请求取缔，苏常道尹于九月回复该公司称：剪线停燃虽激成于学潮之时，而肇端实由该公司添股改组未先明白宣布，疑有抵售外款引起反对；虽涉及人等均辞职脱离关系，而共益公司股本是否已全数退出未报详细，声明似仍不足以释众疑；此案在购置小机之人属未能合法，而事实须从根本着想，该公司应自求解决之计；所请取缔之处，再邀集主办各户设法劝告，妥详具复再行操办可也。

十二月十五日，吴县公署因苏州振兴电灯公司无端改组未得地方同意，亦仅付诸空言，并无切实办法，故会同市公益事务所邀集地方各团体、振兴电灯公司经理共同检查。命该公司尊奉部令，将内部一切文卷、订购机械合同、各股东名册以及股款收支清册连同粘单开列各证据届期一并携带到会，当众检查。

祝大椿则称接公函通知后，嘱华子怡代其本人前往。据其归称：当此二人私函呈由委员宣布时，商会百余人均借抄传观，翌日为市乡公报等转载全函。华子怡去后就向委员声请莅临，所有账簿文件悉听检查，乃报载商会与公益事务所之启事指为拒绝调查，与其之遣代声明未遑置悉，致生误会。

祝大椿认为，商会集中各业、公益事务所俨然地方团体象征，其中包含之投资小电机与新公司者难保其必无偏颇，而同业竞争之念均不合于公正资格；账本书件契据极为重要，不敢轻易一掷；是以恳请分购小电机及参与创建新电厂者当酌加限制、免予邀请，所邀名单并请预先通函饬知，如有代表者应取具正式委托函件，俾到场者各负言责，此为双方平等、尊重、公正起见。

一九二〇年八月四日，该案再行会查。祝大椿又向苏常道尹控诉，指出该次会查参与团体颇多，另有经营小电机等人出席，并不全为法定代表；是日午后二时至夜九时，小电机同业有意为难，迭次补索账簿及杂项伙食册籍等为之一空；此次均未亲莅督查，所派委员又皆苏籍，恐滋弊窦，对于被扣要证万分疑虑，恳道尹饬县迅即呈覆，并将条目账籍文件解部候示。

苏常道尹则称该公司重要账籍单据于会查期向准其亲自带往、随时携回，何以仍有账籍被扣情事；前次会查并未得有确证，遂令吴县知事迅照迭次令饬办理，将所查情形及有无扣留账籍之事授实具复，以览核办。

对于调查结果，市民、商会及公益事务所、新电厂均认为出卖之说无可讳言。一位名为彭超的苏州市民即称经实地调查，确认振兴电灯公司已售于日本大仓洋行。此人自称为苏州籍贯，应尽市民之义务。其自述日前为振兴电灯公司事特到上海实地调查，始知祝兰舫人本恶劣，出身尤贱，只要金钱，不顾名誉。所以此次异想天开，竟以完全商办电厂变更方法，以招股为名暗中出售于日本大仓洋行（上海九江路江西路角），计价七十万元，分四期交付。本年一月六号已付十一万五千两，款由台湾银行划出。

苏州总商会及公益事务所查复后，亦称该公司暗售日人之说，但虽无书面证据，但可证明，取消了振兴电灯公司的商会会员资格。由于振兴电灯公司经理赍敏伯既为商会会董又为该厂经理多年，于本年三月十二日开会当众报告祝大椿秘密告知将振兴售与外人等语，所以商会当时将该公司中止入会，吊销原给凭照，以保商权。

新电厂方面则指出各团体会同审查振兴公司账目时，查出股东名册中有百分之八十以上股东姓名均系虚构，以及账目不符情况，证明振兴确已私售于日人。

振兴方面却持相反态度，认为自身遭受诬陷。其声称在苏营业较久，商业有袍泽之谊，住民有一日之雅，前为通夜捏造蜚言，今已大白，自应除却成见，予以维持。

调查过程旷日持久，直至一九二二年十月，交通部根据该部工程师范静安调查，认为振兴电灯公司与苏州电气厂双方所布之线路复杂、工程简陋，且均用裸线，具有安全隐患；两公司均未经本部立案给照，所有内外一切工程核与电气条例不合之处甚多，长此迁延，危险堪虞，亟应早日解决，以重市政。

振兴电灯公司在苏州植杆挂线之权，既据市公益事务所声明决心收回，是该公司势难继续营业。交通部为体恤商艰、公平处理起见，令振兴电灯公司将自身一切必要产业，如房屋、地亩、机器、杆线、材料等交由苏州电气厂收买。

双方各派专员一人，公平估价，并请省长与部各派一人为仲裁员，监视一切，如有争执，即由仲裁员秉公解决，以昭平允，而杜纠葛。至电气厂工程不合条例之处，应俟收费后再由该部饬令遵照定章切实改良，以符法令。

调查至此告一段落。从该条资料可见，关于此传闻之调查最终未能得出确切结论。然而笔者认为，振兴电灯公司出卖于日商的可能性较大。首先，前文所述陈则民、阊胥市民联合会等控诉振兴电灯公司招股合同、股东账册、招股理由三者之间存在着诸多矛盾与疑点确具备一定合理性。其次，在调查过程中，除了在新订合同及新股票上标注不得售卖或抵押于非中国人，违即作废等字样之外，振兴方面无法提出有力证据平息事态。此外，日方驻苏领事还对此事件发展进程屡屡干预。

当新电厂被准许独家供应苏州全市用电之时，日本驻苏总领事藤村俊房即出面干预。藤村认为电灯一物本极危险，是以各国法规皆严定非经政府特许给照，绝对不准送电营业。苏城自前年小电厂、新电厂自由植杆违法送电以来，线杆交错，旁观者本早寒心，并以新电厂电线之细不及振兴公司线身之半，以致前月胥门外凭空断线惨毙行人，而时时停电又为常见之事。试阅前数日商会董事江锦洲之启事，便知一般商民之公意令振兴为依法特许之公司。中国之电气条例是否失效其无从知悉，且尤未便预问，惟日本旅苏州商民既皆原用振兴之电，即贵国商民居住户亦多数皆用振兴之灯，一旦停送，能否保证其绝无危险。设振兴敬业，之后新电厂能否不致再如从前之时时停电，骤然全城黑暗，万一仍如前，发生意外此责归谁负担。

官方裁定振兴电灯公司交归新电厂收买之后，藤村又借口该国商家与振兴电灯公司之间有着债务纠纷，要求将新电厂收买振兴电灯公司之会议简章与议事笔录等予以抄送。藤村称，日商上海九江路东亚兴业有限公司向其表示，该公司与苏州振兴电灯公司因债务纠葛，现在上海会审公廨诉讼，应有下列两种文件必须参考：民国十三年一月十二日振兴公司全权代表与苏州电气厂全权代表，暨部派、省派仲裁员之议事笔录全文及署名者之姓名花书式样；两代表连署之振兴电灯公司、苏州电气厂之会议简章之全文及连署者之姓名花书式样。禀乞恳请执事查案，或转上苏州电气厂照录一份，送馆转交，以资应用。公廨庭期系订本月二十六日，为期甚急，是以该公司负责人即在苏州守候，希望中方能够尽快给予办理。

四、建厂及并购

在苏地各界调查振兴暗售日商传闻之初，新电厂的建设也在紧锣密鼓地进行之中。一九一九年一月，苏州市民刘传福、蒋炳章、孔昭晋、宋铭勋、冯世德、张炳翔、金树芳、沈德琪、陆清翰、吴震元、宋度、吴鼎元、吴勤树、沈绍增、苏绍杨、徐绍镛、李宗灏、唐翔凤、徐家振、邹宗淇、李振霄、贝理泰、夏喆铣、吴慰祖、宋肇琪等人听闻祝大椿将振兴电灯公司全部暗售于日商，已订密约分期收款，即日交接实行，殊堪骇异，电请省署、实业厅派员彻查。

上述人士诚恐查办需时，祝大椿或与苏州市公益事务所续订合同，一经受愚，贻祸全市，将来亦会横生枝节，故已开始共谋另组，自办电厂。且为筹办地方市有电厂起见，暂行组立市民协会，以匡公益为务，一俟市政电灯为竣，即行撤销。市民协会成立简章规定，该协会由全市人民组织，对于公益事务所应有以公民资格实行监督之责。公推刘传福为会长，蒋炳章、孔昭晋为副会长，会员除发起市民及商会各市民公社社长各加入办事员一人外，凡本市人民得以上会员二人之介绍均得为该会会员。举会长一人、副会长二人主持全会事务，并推定干事、文牍、交际、调查、会计五部职员，其员额以事务之繁简定之。会员得随时提出意见书于常会讨论，市公民得会员二人以上之介绍，亦得提出意见书于该会。

经费由发起人酌量分担外，各会员得自由担任，如有特别费用，得临时由会员中募集之。会期定每星期六下午二时，得会长之准许可召开临时会议。

二月，市民程檤、钱鼎、陈任、谢鹍、刘敬禳、徐家振、李宗灏等人又称电灯事关地方市政、牵涉外交，并认为电灯事业本在市政范围以内，即使该公司并无洋股，亦应收回归全市公有，称已有地方绅民筹集资本，要求集资自办。

三月，负责管理地方市政的苏州公益事务所收回了振兴电灯公司原有的植杆租用公地之权。振兴电灯公司前因立有约据，植杆使用本市公地，其订立路灯合同业于去年秋天期满，现因市民决议，责成公益事务所筹设市立电灯厂，所有本市公地未便续行使用，业已函知该公司查照，一俟开办有日，再行定期收回。并于五月三十一日邀集苏州总商会共同协办新电厂，振兴电灯公司开始逐步失去苏州的电力经营权。

十月十四日，陈则民等人就新电厂的设立向交通部呈请立案。首先，介绍了振兴的基本情况。苏州振兴电灯公司于前清光绪年间由祝大椿禀请设立，一切设置均未完全，苏州市居民多感不便。祝大椿又将振兴电灯公司出盘于共益公司，所谓共益公司者即祝大椿等与外人秘密之行为。其次，介绍了建厂初衷。苏州市民侦知实情，群相剪灯拒燃，商业繁盛之区由各区商民分组购小电机以应暂时需要，一面组织公司重新规划全市电力事业。

交通部判定振兴公司工程不善及不洽民情之弊病大抵属实。经调查，交通部认为苏州电力事业虽有振兴公司创办在先，惟该公司迭被控告，其工程不善及暗售外人等经派员检查并咨行江苏省省长彻查在案。

同时指出，一地可以有两家电厂并存。根据其掌握的苏州市民经剪线后纷纷私购机器、擅自营业等情况，阐明电灯系一种营业性质，买卖各有自由，市民拒燃自不能强加干涉。且条例上既无一地限制设一公司之明文，如果同一地方有第二公司产生，其计划实系合理，办理手续亦能遵照定章，未尝不可准予立案。

但其对于两家电厂营业区域是否可以清晰划分、新电厂技术力量是否过关存在疑问。电力事业关系人民生命财产，且一地方并无设立两公司之必要，都从事经营不独危险频仍，而于国民经济之原则亦复背驰，该部职责所在，自不能不严格把关。新电厂所呈各项资料核于条例尚无不合，惟该处既有旧公司经营在先，则营业区域自不能不划分清楚，或于线路相同之处使用特别装置，以免二者接触之虞。同时，对于区域如何划分，或对于线路相同之处拟如何设法防护，应详细绘图附说呈报，方能核办。又查新电厂技术负责人袁钟铨就职于北京无线电报局工程司，究竟其将来能否长期驻厂，亦不得而知。

新电厂方面则对此分别提出了解决办法。划分营业区域方面，振兴电灯公司杆线未拆除之时，新电厂植杆办法拟定两种：凡于街道一面并无电话杆者或两旁均无电灯电话杆者另行植杆；两旁均有电灯电话杆者，所树之杆高于旧杆一尺为宜，或树单杆、或树双杆以免接触。

此外，工程师袁钟铨经新电厂反复延请，可长期驻厂提供技术支持，待新电厂正常运营后即可到任。继袁钟铨之后，新电厂还聘请陈文麟任工程师。一九二三年陈文麟因病去世，又改聘陆法曾任工程师。

工程师对于电厂至关重要，权利较大，既掌管机器设置、工程计划等工艺事务，又有着指挥全体工作人员、顾问行政之权力。具体权限包括：管理厂中机器全部设置，及厂内外工程计划各事项；对于上项设备暨平日考察各事应负完全责任；有指挥全体工务人员之权重，董事会须保证其行使职权时不生何种阻力，惟进退工务人员应先将必要理由通知董事会；得顾问有关工程之公司行政，董事会亦会干预有关公司行政之工程计划。

苏州电气厂建设初期植杆布线时，一切事务也均受工程师调度。江苏省苏州市档案馆藏（档号：I14-001-0188-058）《为函知须添路灯处事函苏州总商会》载：本月内敝厂业已饬匠预备城厢内外度地势植杆挂线，一切均受工程师指挥，工匠均有敝厂徽章为证，沿途有稽查督察，并随带砌街匠于植杆之处，随时饬令修好，责任关系所在，自无妨碍之虞。

苏州电气厂最终于一九二〇年五月二十七日成立，于该日（即旧历四月初十日）正式开创立会。

创设者并未获得苏州总商会先前所设想的市款支持。新电厂设立过程中，众发起人一再请求商会协助办理。因公谊私情均难诿却，商会遂勉任代为劝招股款，稍尽绵力。但亦私下提出不同看法，认为电力事业既归市办，当然纯用完全市款方为正当办法，若招商股掺杂，本嫌名实不符，诚以商人营业向无区域界限之分，即如非苏籍商人，不宜认股，则劝股亦属多事。

股本三十万元最终应属招股得来。陈则民等人在新电厂设立登记时，曾表示振兴电灯公司设备不全、发生危险、路灯暗淡、妨害交通情形，且称该公司有转售于洋人之说，市民纷纷剪线拒燃。其迫于社会之需要，集合资本三十万元创立苏州电气厂，遵照条例，开具企业意见书、工程计划书、经费概算书，呈请立案。

一个月后的六月二十五日，苏州公益事务所董事蒋炳章将原属振兴电灯公司之电力路灯经营之权转交苏州电气厂承办，这是苏州电力经营权向新电厂方面转移的重要体现。

新电厂成立之后，振兴电灯公司屡屡阻挠该厂正常运转。一九二〇年十月二十九日下午一时、三十日下午三时，振兴电灯公司接连两天开放日电，有意制造危险，妨害新电厂工程进展，危害虽小，但万一危及行人，于秩序治安均有妨碍关系。新电厂方面故专门致函警察厅从严取缔，毋许弄险，蔑视人命。

一九二一年三月初，新电厂皮线、开关等设备被窃，亦被认为是振兴方面指使。三月一日晚，新电厂穿珠巷电力方棚内被窃去皮线及开关等，次日晚间吴苑西桥方棚间内忽被剪去皮线暨开关多件，均已往勘无误，厂方认为是振兴指派的不法熟练工徒所为。

一九二二年十月时，交通部规定振兴电灯公司交由苏州电气厂购买。并购过程同样耗时漫长，直至一九二四年二月十九日午后才宣告归并完毕，此次事件最终拉上帷幕。振兴电灯公司归并于苏州电气厂议定于该日在市商会交款交厂，众多事件的亲历者与见证者无不欢呼雀跃，夙昔主张能见诸实行，也是苏州广大市民为之拍手称庆。这也标志着振兴电灯公司正式退出了苏州的电力领域，苏州电力事业经营权由苏州电气厂全盘继承。

五、余论

在对振兴电灯公司暗售日商事件进行详细考证之后，可以尝试做以下之假设：如若此次售卖日商的并非电厂，而是丝织、纺织等业厂家，抗议者未必会将该次事件提升至出卖主权的高度。

此次事件之所以引起较大反响，是因当时苏州地方人士已开始意识到电力事业关系市政，具有公共性质。市民阶层将振兴获取电权视为十余年前地方人士尚不知电与人民有密切之关系，市乡制亦未颁布，以致放弃权利，任其私人摆布。二十年代初，市民已明确电力事业的公共性质，电灯为市政范围公共营业之一种，非可视为完全个人私产，既欲出售或改组，应先呈报地方主管公署及商会、市公所，由苏籍人士共同担负收回。

电力更为主权之一种，不得任由私人售卖。报纸舆论听闻振兴电灯公司有暗售于日商之说，随之大哗。祝大椿对于加股添董等语搪塞，又使人感觉其中黑幕殊不可闻，会因加入洋股致使主权丧失，导致危险不堪设想。这也说明电力事业在当时苏州人心目中有着其他行业所不具备的特点，如公共性、主权象征性等。至于该事业是否真如抗议者所述具有上述特性，笔者将在电力路灯章节详加论述。

该次争端最终以苏州电气厂成功收购振兴电灯公司，并获取苏州电力经营权而告终。从上可见，此次事件发生之缘起是振兴电灯公司所获植杆租地合同到期后，部分苏州地方人士试图自办电厂，并夺取振兴电灯公司原有的苏州电力经营之权。此次事件之所以曝光，是因前经理辞职并向外界透露所致。但就在苏州电气厂归并振兴电灯公司的一九二四年二月十九日当天，前经理即向新电厂呈称之前在振兴电灯公司存有一万四千一百五十两，并该年一个半月利息计八十八两，两者共计一万四千二百三十八两，要求于交款之时如数照扣，从中亦可看出前经理较看重经济利益，不禁对其揭发振兴暗售外人之事是否出于民族大义产生疑问。

之后事态扩大，与陈则民等大力推动密不可分。陈则民作为苏州电气厂第一任董事长，领导创立新电厂是否真如其所述，确是担心主权沦丧，笔者不敢妄自揣度。江苏省苏州市档案馆藏（档号：I14-002-0187-055）《为奸商私卖电厂确实有据事函呈江苏省长、实业厅》载：苏城电气事业关系全城安危，岂容奸商自便私图售与洋商，该公司无卖国之权位能力，强欲附于卖国者流，而将苏州一隅之地拱手授人，今何时乎？五月九日之国耻未忘，山东存亡之问题又起，稍有血气者孰不痛心疾首，谋所以补求之方，而该公司等竟视仇如亲，认贼作父，谓非丧心病狂何至于此？市民等所以投袂急起组织新公司，以谋实力之抵制也。今既奉大部饬查，为敢缕述细情，伏乞省长、钧厅鉴核准予转详交通部勒令苏州振兴电灯公司立予停止营业，以顺舆情，而保主权。

苏州沦陷三天之后，身为苏州电气厂董事长的陈则民主动携日籍妻室去日军部拜访，日寇遂委其为伪苏州自治会会长，后此人辞去苏州电气厂董事长，就任伪江苏省省长之职。一九三八年七月时，陈则民以伪江苏省省长身份处理苏州铁机丝织业同业公会呈请恢复日电之事。抗战胜利后，此人因汉奸罪被国民政府抄家查办。通过陈则民上述表现可以看出，此人为一名彻头彻尾的汉奸，其之前领导创立苏州电气厂的动机是否真正出于维护国权，值得商榷。

本章小结

近代苏州电力事业由盛而衰，与同时段中国的国家命运是相互契合的，该事业也成为近代中国时代变幻的晴雨表。电力虽涉及主权、公益，但在近代苏州，利益仍是促使电力事业创设并发展之关键因素，该事业的商业特征远远大于本应具有的其他特性，这在水与电创设命运不同一事中，可以清晰加以印证。而在振兴电灯公司暗售日商一事中，似乎也有这样一种可能：卷入此次风波之中的部分抗议市民、介入调查的官方确是出于维护主权、巩固市政的目的，他们要求澄清事件真相，但包括苏州地方绅士欲收回植杆之权并自办电厂、祝大椿出卖振兴股份于日商、贲敏伯揭发其卖国行径、陈则民等人创立新电厂在内的种种行为，都是利益驱使所致，与主权、市政无涉。这从侧面说明了近代苏州的电力事业有较大的市场发展空间，至少在发展初期是普遍被人看好的，之后由于种种原因，发展经历波折，在当时则无法预计。

第二章　电力路灯

路灯对于城市发展不可或缺。路灯以自身为中心，光度逐渐减弱，当足够的路灯按照合理的间距设置于道路上方时，光线较弱的边缘部分相互重叠，构筑成一条延绵不绝的光链,将道路空间照耀得不留死角，为日落之后城市的正常运转提供了保障。电最早于十九世纪六十年代末被应用于道路照明。电力路灯进入中国之前，包括苏州在内的国内各城市主要采用蜡烛、灯草豆油灯、煤油灯等设备为夜间行路提供亮光，由专人负责点燃及熄灭。一九一一年，振兴电灯公司将电力路灯引入苏州。电力路灯正式登上了苏州的近代历史舞台，在苏州的现代化进程中发挥着特殊的功用。

第一节　电力路灯的概况与性质

一、缓慢发展的电力路灯

装设电力路灯的当年，苏州地方当局即与振兴电灯公司签订了该地第一份电力路灯合同。辛亥革命之际，振兴电灯公司为电力路灯请领燃费，并议定路灯合同，于苏州城厢内外按巡警区域逐段装灯，工竣完备。为严防匪患、保卫治安，各处商学民固彻夜逡巡，每思中途黑暗，特于九月十五日无论通衢狭巷均从速开点。

一九一三年，双方签了新的燃点路灯合同，签约期限为五年，合同规定了路灯的盏数、瓦度、费用、燃点时间、起止年限等。由苏州商会作证，合同双方苏州市公所、苏州振兴电灯公司签下燃点电灯合同。其合同主要条目包括：

第一，振兴电灯公司承苏州市公所指定苏州市各街道燃点三十二支光电灯二千〇二十四盏，所有设备及燃点上项电灯各费言明每月计通用银元二千四百元整。

第二，上项灯光应照灯头能受之电力磅数点足，不得减少电力致灯光不足，灯头不适用时应由公司随即更换，灯上尘垢亦须勤加揩擦。

第三，上项电灯须通夜燃点，晚明晨熄，迟早视日之长短为准，惟同年平均计算每月至少须得四十八刻之电光。电灯于应发光时有不发光者，经市公所合同公司调查确实应按照所缺时刻扣费，惟遇天灾及非常事件不在此列。

第四，市公所如欲增加灯数在十盏以上者，其费按照每盏应得银数增加，惟将来如开闭城门须加设电灯时，在二十盏以内由公司添装燃点不另加费。

第五，本合同自中华民国二年七月一日起，以五年为限，彼此如欲继续或变更或停止，于期满之前八个月通知。

一九一八年，前次路灯合同到期时，忽传出振兴电灯公司将公司股份售于日商之丑闻，新成立的苏州电气厂开始与振兴电灯公司争夺苏州电力路灯经营权。双方因存有矛盾而未能实现路灯业务的顺利交接，苏州电气厂只得另起炉灶修筑与旧有线路多有重复的新路灯线路。对于路线相同之处，新电厂植杆挂线遵照电气取缔条例加高一尺，是线路虽属相同，并不妨碍安宁。

经过不懈努力，新电厂基本完成了工程目标。苏州城厢内外马路街巷原本地方宽阔，植杆挂线旷废时日，通过积极进行此项设置，路灯工程已达十之七八。在旧日所无之地点，按照各公社居民要求增设，专按照订明合同原额实已溢出数百盏，架线光力适均，疏密自多不同。新电厂自二月上旬开灯之后三月，业已陆续装有二千只，尽属完全义务，嗣后装数日，则耗失尤巨。新线路铺设之处，振兴电气公司则需停燃旧有电力路灯。自五月一日起，新电厂已开路灯该月内即日起定二千盏整数，政府方面开始派员查收该项燃费，并在新电厂路灯所经路线先行转饬振兴公司停燃。

一九二〇年六月二十五日，公益事务所董事蒋炳章代表地方当局与苏州电气厂董事长陈则民正式订立新一期燃点路灯合同，苏州的电力路灯改归苏州电气厂承办。与前一期五年合同期限不同，该合同规定经营年限以苏州电气厂营业期间之长短为限，并明确了苏州电力路灯植杆、挂线、燃点等事务即日起完全移交苏州电气厂。合同明确指出，自订立合同之日起，公益事务所已将苏州城厢内外燃点路灯植杆挂线之权转交苏州电气厂所有，旧有电灯杆木由公益事务所知照振兴电灯公司一律拆去。但电厂甫经开办大机，未来不能即日接燃，电气厂承允于六个月内另备机器陆续接点，凡电气厂灯杆所到之处旧有杆线应令拆去。

此时苏州电力路灯数量为二千一百四十五盏，与前述一九一三年时的二千〇二十四盏相比，七年间仅仅多出一百二十一盏。而早在宣统三年，苏州电力路灯数目就已达一千九百九十四盏。江苏省苏州市档案馆藏（档号：I14-001-0233-015）《关于苏州城内外路灯燃费的呈文》载：伏查原订合同载明，城内外各路街巷共点路灯计九十六瓦特大灯四十九盏、三十二瓦特小灯一千七百八十三盏，减照原价八折本系按盏计算，所装大小灯光盏数当就苏域原图路线分别圈识，核计共应添装三十二瓦特小灯八十一盏，迨经饬匠前往装灯，会同各路区长按照原图相距公尺实地测勘插标，统计八路辖境区域共应添装三十二瓦特灯八十一盏。通过分析上述数据，可以看出振兴电灯公司经营时期苏州路灯事业停滞不前，未得到应有的发展。

一九三一年，新的《吴县城区路灯草约》出炉。此条约较前两次合同内容更为详尽，条目也更为规范。灯光亮度方面，一九一三年合同规定灯光应照灯头耐受之电力磅数点足，不得减少电力致灯光不足。一九三一年草约则结合道路实际情况，要求路灯光度依道路之宽度不同，遇交叉、转角处、桥标及重要地点均应增加光度，电厂自须照办。

燃点时间方面，一九一三年合同仅提及电灯须通夜燃点，晚明晨熄，迟早视日之长短为准，惟同年平均计算每月至少须得四十八刻之电光。一九二〇年合同指出，开灯时间以天黑前一点钟起，至天明后半点钟止。一九三一年草约则具体到开点时刻，约定自三月至八月每日下午六时起放光，九月至二月每日下午五时起放光，均至天明为止。

保障与养护方面，一九一三年合同中仅要求灯头不适用时应由公司随即更换，灯上尘垢亦须勤加揩擦。一九三一年草约则详细说明了电厂移植或换植电杆时，原有路灯应维持原状放光，全城路灯电厂应每半年揩拭一次，灯架等铁件每年应涂添一次。

路灯损坏时，此次草约明确了电厂和政府双方的责任与义务。规定路灯材料已装设者照旧使用，灯泡遇有损坏时应候官方通知认换，灯头灯架灯罩须更换时均归电厂负责。此外，特种装置其特种材料概归政府自备，或照贴电厂材料责其装设，人工及其他材料由电厂负责，私人里弄所需工料各费归各业主认担。一九一三年合同仅简单阐述了电灯于应发光时有不发光者，经市公所会同公司查明无误，应按照所缺时刻扣费，惟遇天灾及非常事件不在此列。

此次草约还涉及了前两次路灯合同未曾提及的内容。约定凡拓宽街道电灯杆之距离为一百至一百二十尺，大街通衢每杆或每隔一杆设一路灯，寻常街巷及小弄由当局根据交通需要暨居户多寡，知照电厂安置灯杆、增设路灯。

截至一九三六年七月底，苏州电力路灯盏数为三千五百六十九盏，其中四十瓦特者二千六百三十盏，二十五瓦特者七百一十九盏，五十瓦特者二百二十盏。结合前述数据可得，自一九二〇年苏州电气厂接手经营电力路灯以来，路灯数目从二千一百四十五盏增至三千五百六十九盏，共增加了一千四百二十四盏，平均每年增长八十九盏，涨幅很小。

一九三七年一月三十一日，苏州电气厂再次对城厢路灯数进行统计。城厢各区中，东北区一千四百十四只，内二十五瓦特四百五十五只；西南区一千二百四十三只，内二十五瓦特四百五十二只；阊胥盘区九百六十五只，内二十五瓦特三百七十七只。共计三千六百二十二只，内二十五瓦特一千二百八十二只。从中可见，电力路灯数比起半年之前多出了五十三盏，与前十六年发展幅度相仿。

至一九三八年三月八日，电力路灯总数降至三千一百一十四只，这应当是抗战爆发战火破坏所致。抗战以来，路灯线、路灯灯头被毁，触目皆是，修理添配迟迟未完工。城厢电力路灯熄灭实有四个月之久，因被毁击落而新添者居三分之二以上，该项损失不小，电厂财力实有不逮，故向政府请求贴补电灯材料费用一千一百元。

将电力路灯的增减数目与同时期苏州的电力用户变动幅度相比较，亦可察觉苏州电气厂对于路灯事业关注程度不高。一九三一年时，苏州城乡表灯马达用户大约在一万四千户，一年之后统计城乡灯表电力电热用户共计有一万五千户，比之上年增出一千余户。苏州电气厂虽辩称其经营并无起色，其兼营事业如农田灌溉、各乡碾米，主要为救济农村起见，成本利益薄，大概暂维现状，于大局无补万一，但电力用户增长比例远远大于电力路灯是不争的事实。

路灯光度一般大于普通用灯光度。振兴电灯公司时期普通居户装灯光度一律以十六瓦为普通，较为取便，路灯光度则至少为二十五瓦。这是路灯的服务场所道路在空间上的开放性决定的，较普通电灯而言，路灯光线需投射到更为广阔的空间，足够光度的路灯能够在管理与经营成本较小的前提之下，保证城市道路的照明需求。缘于时局所困及民族企业资本所限，自二十年代初至“卢沟桥事变”爆发之前，苏州电力路灯的发展态势基本可界定为：在稳定已有业务基础之上有限度地进行发展。

民国时期苏州城内街巷需添装电力路灯时，一般先由警察局先行调查。如五卅路及八角路一带拟装路灯时，先由警员奉命调查，再将应装添路灯地址整理附表一份，随后将调查经过情形并附表具文呈报上级鉴核。路灯添设完毕之后，电厂方面凭政府通知单每月禀报一次，在每月上旬添者作全月计费，在中旬添者照半个月计费，在下旬添者归入下月计费。

当时苏州城内各街巷多有电光未及或路灯损坏之处。江苏省税务局吴县分局因其办公室及职员宿舍均在业家巷内，该巷路灯甚少，尤以中段新弄堂及北酱园弄口一带入夜黑暗异常，行走殊感不便，故联系电厂方面派人查勘添设路灯两盏，方便行人。

吴县电信局新在本城醋席巷南林村九十四号修职员宿舍一所，该处里弄内共有电厂所立灯线木杆四支，但并未装设路灯设备，入晚一片漆黑，行路为艰，并且地处偏僻，于安全亦有影响。电信局即出面协调电厂在弄内中段空地及转角木杆分别装置路灯各一只，以利夜行。

省立苏州师范学校也为学生出入安全计，申请在校门口安装路灯，但未能获准。电厂方面称，三元坊原已装有路灯三盏，目前路灯材料甚为缺乏，难再增加，只得勉力于沧浪亭巷口特装一只。

曾发生火灾的闾邱坊巷，虽以辅助火政为由请求安装电灯，应是以此为借口希免交路灯燃费。因天气干旱，火警频仍，该巷住户遂于该巷以前火废原址处开凿公井，取名金泉，并自行集资雇用人员管理启闭，借以辅助消防。但在夜间急用之时，各消防社多不随带灯火，殊属不便，故请求在该井铁门之上装置路灯一具。所需电灯、电料业已准备齐全，希冀电厂尽快前往接电。由于此事关系地方公益，故恳请电厂免收电灯电费，以利火政。

除在城区内装设电力路灯外，苏州电气厂还利用长途高压输电技术将路灯业务扩展至周边市镇。

细析前述三次路灯合同即可发现，市镇电力路灯并不包含在前述三次路灯合同统计盏数之内，三次路灯合同中所列电力路灯数目仅限于城厢内道路街巷装好之数。一九一三年合同中指出振兴电灯公司承苏州市公所指定苏州市各街道燃点三十二瓦特电灯二千零二十四盏，一九二〇年合同中提到苏州城厢内外马路街巷等地方所点电光路灯双方议定归苏州电气厂承办，路灯现共三十二瓦特二千一百四十五盏，一九三一年草约所列电力路灯数目则来自电厂抄呈的城厢路灯清单。

一九二六年时，该厂因新车电力有余，欲求增进收入、立定基业起见，已逐渐计划长途路灯线，并依各处商民意思进行至望亭镇，分线至西津桥、通安桥、金墅、黄埭等市镇。

长途路线主线所至之望亭镇于同年开始装设电力路灯，并订立燃点路灯合同。合同规定金墅、东桥乡镇范围以内乡镇街巷等地方所点电光路灯均归苏州电气厂承办，先从望亭镇试办，随后得统一推广之。路灯规格为十六瓦特，燃点时间以天黑前一刻钟起至黎明止，所有路灯、灯泡、灯罩等一切材料归电气厂置备装就，营业年限以苏州电气厂营业之长短为准。

一九三一年时，全镇已有街市木杆计十一根，路灯计三十八只，方棚间木杆两根，有高压方棚若干，并附设碾米厂，米厂内计有米车十部、砻车两部。

同年，苏州电气厂还对分线所及之各市镇电力路灯事业进行了统计。西津桥镇距苏州城区较近，至城约四华里，街市木杆二十八根，路灯计有十八只，有高压方棚若干。

通安桥镇离城约二十七华里，全镇街市共有木杆二十四根、路灯十二只，民国十五年十二月通电。

金墅镇地滨太湖，至城约三十七华里，街市木杆约有二十五根，全镇路灯计十六只，民国十七年三月通电。

黄埭镇离城约三十四华里，街市木杆计一百〇五根，全镇路灯计六十四只，方棚间木杆二根，有高压方棚若干。

一九二七年，该厂另一长途路灯线延伸至浒墅关等处。浒关镇离城约二十华里，一九三一年时，该镇拥有街市木杆一百六十四根，全镇路灯计七十五只，方棚间方木两根。有高压方棚若干。

金山镇则有街市木杆五六根，全镇路灯计五只，民国十五年十月通电。

东桥镇亦铺设了路灯线路，共有街市木杆十八根，全镇路灯计十八只，方棚间木杆两根，有高压方棚若干。方棚间于民国二十年购旧屋修理改用，民国十八年四月直接送电。

一九三〇年，苏州电气厂排布于各市镇的路灯线遍布于吴邑境内。西路早通至望亭车站，东路衔接至唯亭镇站航轮交通各埠，亦已联络至十余个乡镇，长途高压路线不下七十余公里。

至四十年代，市镇路灯数目逐渐增多。以盛泽镇为例，一九三四年时，盛泽镇政府尚因境内虎丘、下塘一带未装电力路灯，向当局呈请安装。电厂称虎丘、下塘自望山桥一带目前并无路灯，但究竟应需添装路灯若干盏及植木杆若干根，附近居户能否担任植杆费用，盛泽镇方面既未详细说明又无绘送草图注明距离，属无从核办，要求详细查明绘图送府审核后再行定夺。到一九四七年时，全镇电力路灯已达一百九十五盏。该年，据电厂驻盛泽镇办事处沈久藻主任转述，全镇路灯计一百九十九盏已装置完竣，对于路灯价格每盏每月核减至一千五百元等语亦已敲定，路灯费应按月付。

从上可见，二十年代时，苏州城区周边各市镇电力路灯数目较少，大多为十数至数十盏。三十年代，电力路灯已遍布苏州各主要市镇。总体上，苏州地区的电力路灯呈现出以城区为重心、市镇为依托的放射状分布。

二、确立失败的公用地位

电力路灯的运营是以输电线路的架设为基础的，线路覆盖之处为电厂营业范围。电力路灯供电时间与普通电力事业不同，普通电力事业仅有前半夜供电，燃点时刻以傍晚开灯至夜间一二点钟为止；电力路灯则需通宵燃点，自三月至八月每日下午六时起放光，九月至二月每日下午五时起放光，均至天明为止。因而电力路灯与普通电力事业所用输电线路也各成体系，路灯使用的是通夜供电的通夜线，普通电力事业则使用仅供半夜电之半夜线。

振兴电灯公司时期即是如此。当时半夜线发电机功率与用电实际数值尚基本相符，通夜线则二百二十伏特仅有一百六十伏特，一百一十伏特只有八十伏特。电压不足之缘由据介绍是路灯过多、机力用尽。

苏州电气厂时期，电厂方面亦因借用半夜线燃点郊区陆墓镇的电力路灯，致使该镇普通电灯光线昏暗，引发商民不满。该镇人士认为，苏州电气厂供给该镇电流，路灯与用户线路不分。当时正值防空演习之时，实行灯火管制，城中回声警报遥不能达，突然黑暗，影响治安。此外，由于该镇为特别区，燃费贵一成，而光线因路灯关系反倒特别黑暗，反不若普通地方。为此商民向商会投诉，指出该镇自一九二七年由苏州电气厂开放供电以来，至今已逾八载，路灯与用户一直使用同一线路，故仰恳市商会转呈江苏建设委员会予以协调。

厂方对此不置可否。认为市区夙称繁盛所在，该厂自应先其所急，不惜巨大之费用、经过持久之工作，预筹设备几近一年，迄至近今方设划清。乡区则概未划分，不独陆墓为然。即便划分，而熄灯时间就城区论，室内外路灯之熄相隔仅数分钟，实无异同时熄灭，此有目共睹，无可讳言。影响治安则在乎熄灯，不在乎线路之分与不分。

位于城区的吴县邮政局也因半夜线断电导致夜班工作不便，向苏州电气厂提议加接路灯专用通夜线开关。该局人士称每逢电灯熄灭之后，夜班封发组不能办公，使用烛光会使光线暗淡，不适于工作，故要求电厂加接路灯线开关一具，遇电灯熄灭之时立即启用路灯开关，便于正常工作。

一九一八年，振兴电灯公司与地方政府之间因通夜线改接半夜线一事产生纠纷。当时苏州城区电力路灯光线暗淡，振兴电灯公司为此设法改良，并先行呈请当局派员调查。调查结果显示，通夜线无法开足。

故电厂希望将借用路灯专用通夜线之其他电灯一律改接半夜线。江苏省苏州市档案馆藏（档号：I14-002-0184-017）《为设法改良路灯事函苏州总商会》载：敝厂通夜线之一部车电力确已用足，经公益事务所汪董洽商妥议，将借用通夜线之电灯一律改装半夜线以养路灯电力，函嘱刻日照办等。伏念用户装设电灯借用通夜路线，从前创办伊始本属权宜之计，奉准前因自应遵照办理，现在敝公司遵即添购电线、电气各种材料次第运到，即日派匠开工将所有借用路灯通夜线之用户电灯一律依次改接半夜线，并将各段路灯换装新灯泡，俾通夜线电力充足、路灯光自然明亮，约计一月可以竣工。事关改良路灯、市政起见，惟装灯用户骤然改换半夜线，诚恐未尽周知，因此或生误会，合将改换灯线缘由据实报告。

电厂营业章程亦规定，除路灯以外，其余电灯半夜均需熄火。因外间用户私接灯线导致暗耗电力，以致路灯光线欠缺，经临平等市民公社函请苏州市公益事务所条陈整顿、设法改良，并由市商会派员至振兴视察。事后查得通夜线之一部车热度逾恒，电力确已用足，断无余力可以借给营业电灯。因此振兴将借用通夜路线电灯一律改装半夜线以养路灯电力，改装工程耗费亦巨，惟为整顿路灯、维持公益期间，不得不勉从公议，积极进行。

此举招致各政府机关不满。苏常镇守使署以夜间需赶办紧急公务为由予以反对。认为现值时局不靖，该署公务尤为烦冗，遇有紧要事故发生虽至夜半亦须赶办，若无通夜电灯深恐贻误事机、诸多未便。所请改装半夜灯线之处较难办到，故请市商会转告电灯公司知晓。

苏州警察厅亦态度强硬，函商电厂免于改线。该厅指出电厂所称装灯用户改换半夜线是否专指商民而言没有声明，无从知悉，但该厅及所属各机关公务重要，所有通夜之线务请仍照其旧。

驻苏州的江苏水上警察第二厅亦称该厅为出警办事机关，凡接各属警报无论日夜即须赶办，收全夜电灯改换半夜线，万一遇有公务恐延误时机，要求电灯公司免除该厅全夜电灯改换。

电报局也意图维持原状。认为该局为重要机关，通宵达旦、刻无暇晷，未便与其他各机关及各商铺相提并论。况且在戒严时代，军报络绎，特别重要，希即转致该公司不得将敝局电灯改装半夜线，以免贻误。

最终，振兴有选择地保留了警政机关的通夜电灯，其他各机关及商民则一律改接半夜线。电厂表示因时局未靖，军警办公机关职务极为重要，不得不兼筹并顾、稍事通融，遵将军警察厅署机关择要酌留原有通夜电灯，暂缓改装半夜线，各机关及绅商各用户均须一律改装。并请商会代为致函苏常镇守使署、水警二厅、警察厅答复确认。

该事件中电厂所述通夜线机力用尽之情形当属实情，而政府机关在未有电灯之时同样需赶夜办公，其要求免改线路之真正动机值得商榷。公用事业是关系公众基本生活质量的行业，通常以城市为中心，以基础设施的建设和运行为形式，但总体上都涉及公众的日常生活，关系到公众的基本利益或社会的共同需求。作为公共部门，政府应当以承担公共责任为己任，协调各方面利益，推动城市公用事业的发展。

民国时期，苏州电力路灯已被纳入公用事业范畴。电厂与政府双方均认可路灯电费应按月申报，实数发给、月清月款。此节事关地方公用，似无听其损失之理。政府方面却不惜占用为电力路灯发展专门铺设之电力线路，以损害路灯的正常运转为代价，满足其自身意愿，这至少说明近代苏州的电力路灯远未获得公用事业应有之地位。

之后发生的植杆地租价格纠纷也可从另一视角对此观点加以印证。近代苏州的路灯电杆在总植杆数中占据较高比例，一九二九年时，苏州电气厂植杆大约七千根。由于路灯事属公益，且为市政范围以内之事，故而当时其他城市设置电杆大多无需缴纳植杆地租，上海市政府开收植杆地租经闸北、南市电厂陈述经营困难之后，经批准缓收。苏州城区植立电杆则需缴付地租，这在一九二〇年燃点路灯合同中即已明言，规定马路街巷等地上所树电灯杆木每植一杆（倘设立街心路线，须对面立杆者亦作一样论），按月认付公益事务所借地租大洋五分，即于每月收取灯费时交付。且类似规定亦适用于城区外市镇，当电气厂放植杆线在乡镇街巷所竖木杆，每杆每月认付乡公所借地租金大洋五分，倘设立街心路线须对面立杆者亦作一杆论，其租金即于按月收取灯费时交付。

一九二八年，苏州电气厂与地方政府双方围绕植杆地租问题再次爆发冲突。此时苏州城市经济已获得一定发展，城区内地价增高。特别自城厢街道陆续拓宽以来，市内房租价格明显提高，政府房捐收入随之增长，酌盈剂虚，不无回旋余地，地方当局却于此时提高植杆地租。苏州市政府为此致函苏州电气厂，植杆地租经市政会议研究讨论，因地价增加，议决每月每杆由五分增至一角五分，于该年十二月份起实行。

此举引发电厂强烈不满，认为地租与地价诚有连带关系，但骤增地租二倍，为数亦属过巨。同时，电厂反戈一击，指责政府克扣路灯电费，认为城厢内外路灯截至本年五月份止，先后添装共计三千五百十三只，以后添装者尚不在内。依照从前所订合同，每月每只灯费洋九角即每月应收灯费三千一百六十一元七角，除去植杆地租（约以七千根计）三百五十元，每月应收灯费二千八百十一元七角，现每月只收二千六百元计，缺二百十一元七角，逐月积算，吃亏匪浅。

房捐是政府针对房屋征收的赋税。农村已征收田赋，农民负担很重，所以民国房捐征收对象多为城市或较大城镇的房屋。苏州地方政府付给电厂的路灯费用通常由房捐项下拨济，当初苏州初装电力路灯时即如此。苏州城厢内外各路电灯于该年九月十五日竣工，经由商会请领九月份下半月及十月份燃费共五千七百九十一元，未准照给。后经省议会议决，城内各路电灯费应暂于房捐内拨济，并即通告苏州民政长。

地价增长的背景之下，政府房捐收入有所增加，却既克扣路灯费又欲提高植杆地租，这种经济合作关系上的不平等是触发此次冲突的根本原因。电厂方面认为物料燃煤以及薪水无不倍增支出，恰与市政府房捐收入激增成相反之比例，若骤然负担地租至一角五分之巨，实有举鼎之虞，为此提出改为每杆八分。最终，政府在一九三一年签订路灯草约时规定电厂在城区植杆每杆每月应缴地租银元一角，于灯费内划算（设立街心灯之对杆以一杆论），但专为装置路灯而设之电杆得免收地租费。

与前述通夜线改接半夜线之纠纷相比，此次冲突中政府在利益方面作出一定让步，这是时局平稳之后，地方当局稍有余力之缘故。另外，政府最终仅限于免收路灯专用电杆之地租费，这说明了电力路灯较其他电力事业更为特殊，肩负城市公共管理职能的地方政府必须担负包含路灯电费与植杆地租在内的路灯运营费用。但通过分析此次植杆地租冲突可知，政府并未给予电力路灯某种特殊关照，其受到的优待是由电力路灯自身的固有属性所决定的，免收地租当是一种无奈的选择。

电厂认为增加公用事业负担即增加人民负担，且公用事业之售价必经中央主管部核订，政府方面应当重视公用，垂顾民情商艰。自一九一一年起，苏州地方当局先后四次与电厂签订燃点路灯合同，初步确定了公用事业管理机制，但并未确立良好的公共服务意识，路灯事业也未得到必要的政策倾斜，电力路灯仅获得了与普通实业类似的地位，这与电厂发展公用事业的初衷不符。转型期中的苏州，依旧在现代制度文明席卷与传统治理思路尚存的复杂时代背景下，沿着现代化道路跌跌撞撞地向前迈进。

第二节 电力路灯与地方社会之互动

在初步摸清了苏州电力路灯的发展概况之后，有必要进一步考察电力路灯与苏州城市社会的接触与互动，以理清电力路灯对于近代苏州社会经济的切实影响。

一、便利交通

便利交通是电力路灯的首要职能，路灯光度影响交通至巨，这从改装大光度路灯灯泡一事就可看出。一九三〇年，苏州城厢各处积极扩宽街道，路灯电杆及电线全须变更，商业繁盛之地观前街为市内观瞻所系，所有路灯灯泡尤须重换。电厂称其对于路灯公用事业实已勉尽赞助之义务，苟能血本无归，非敢无病而呻。所装置灯泡光度大小以既有式样为参照，改换式样、换较大光度灯泡等一切费用应由官方自办。

四年之后政府免减路灯电费时，亦将更换大光度灯泡作为交换条件。官方认为按照成本估算，路灯电费再难减低当属实情，应当批准免予核减，仍照原案支付。但现有二十五瓦特路灯灯光暗淡，应用三十二瓦特，仰转饬该电气厂改装。

市民公社是聚居在同一街区的以工商业坐贾、手工业者为主的城市居民，为谋求社会公益、提供社会效能，以自发集社方式组合起来的独立非营利整合性组织。苏州的市民公社自清末成立，至一九二八年三月撤销，延续约二十年，隶属于苏州商会。市民多对电力路灯光度不足表示不满，并通过市民公社传达自身诉求。一九一九年时，观前街市民公社就称路灯昏暗，时值冬季，宜换灯泡，夜间行路及防范宵小均有裨益。

因维护不力造成的路灯断火同样妨碍交通，亦被要求整顿。一九一八年时，振兴电灯公司声称开业以来历由该公司每日专派工匠至各区、所调查，逐日有各区回证可查。但一年之后的一九一九年，道养市民公社指出现在路灯光线昏暗，宜重换灯泡。

苏州电气厂也因电力路灯多有断火而招致非议。舆论认为，苏州电气厂对于街巷路灯向不注意，故入夜路灯断火者无巷不有。论者咸谓电厂不顾公益，电厂则置诸不顾，自革新后电厂放弃责任尤甚于昔。三官堂、学士街、中街路、西善长巷、梵门桥街、养育巷北口等处，路灯断火数日竟不饬工修理。路灯之设不仅便利交通，且关系地方治安，公益局蒋靖涛局长对于地方公益事有切实整顿之计划，对于路灯之整顿，宜先注意。

商业经营中遮蔽路灯、影响行路之行为则被严行取缔。随着苏州城市经济的不断发展，煤气灯、油灯等旧有路灯逐渐换置成电力路灯，以起到便利夜行往来、免除拥挤、廓清街道的作用。电力路灯自苏州电气厂接收时只有二千一百四十五盏，五六年之后逐渐增添至三千余盏，通衢大道无论矣，即至偏僻小巷亦无不陆续装置。

路灯数目增加固然起到了繁荣商市的作用，但出于商业竞争目的，商家多在当街设置招牌等物，此举遮蔽了路灯亮光。各家商店竞相在当街置招牌，或用布绸、洋铁居中骑跨，或嵌空安放电灯，标新立异，触目皆是。布绸所置到晚尚可收去，洋铁牌（俗语所谓夜勿收）以及嵌空装电灯者于电灯关闭后均悬挂街心，导致障蔽路灯。电厂认为此举仅顾私益，不知公益为何；官方也指出每月缴付苏州电气厂巨额电费，结果导致障碍，且闻责言备至，实不应该。

故此举被责令取缔。警察厅在此种情况出现不久之后，即转饬各区警所取缔，但下属部门多阳奉阴违，不以振兴市政为已任。为此，市商会一面要求警察厅贴发大字布告，令众周知，另一面乞求警察厅通令城厢内外各区派警传谕各店铺作坊，遇有当街招牌及遮蔽各物及门前街旁堆积物件，一律限令拆除及移开，各区署务令持之以恒，各店铺作坊有不尊令者，亦宜严定惩罚。

商户方面对于此种处理方式嗤之以鼻。警察厅令下之后，各警区遵令取缔。民商等时时以断电为筹码相要挟，数日以来竟无一户遵行，警察则颇感困难，盖任其延缓下去，长官即能相谅，电厂必恃其资本家之势力函牍频催，如强迫实行恐不免拂逆舆情，于是左右为难。

同时，抨击电厂维护路灯不力。该年旧历除夕竟然全城断电，虽历时仅十分钟，但民商已大受厥累，无怪某报讥讽此为大放辞岁灯，并指出电气厂如能实行整顿，将路灯之损坏者克日修理，并将全市灯头一律更换，使全城大放光明，旁人无从借口，市民略得利益，则取缔市招等尚非难事，若徒知责人不知责己，徒然惹起反感耳，于事无补。

最终，此次事件以商户一方撤除遮蔽之物告终。舆论认为街市入夜多黑暗之处，半由电厂对于路灯不加注意，时有断电，半亦由商店招牌等遮蔽灯光，警察厅下令取缔是为维持公益、便利交通之正当办法，实无反对之可言；撤除当街招牌等对商业无甚关系，各商店不应意存观望，延不施行。警察厅一因交通关系，二因官厅威信，令下之后势在必行，故重申前令施行。各市民公社知事难再缓，观前一带不日已有起而撤除者，阊胥一带亦实行。

部分商户拒不遵行，所在市民公社即通告从速移撤，警察厅布告称：凡属障蔽路灯、侵占街道者，均须于夏历正月底以前分别拆除移撤，逾期严予惩罚。各公社除将警察署原函缮贴布告外，特再印发通告，如有上项设置务希撤除，幸勿观望，致违警律，以维公益而利交通。

二、繁荣商市

电力路灯不独便利行路，亦为商家延长营业时间提供了光源，对于商业发展起着促进作用。一九三八年三月，苏州战事稍平，商界即要求首先恢复观前街一路电力路灯以利商业。

观前街商店悦采芳、汪瑞裕、稻元章、松鹤楼、采芝香、福昌、同泰元、老丹凤、黄天源、人顺和、采芝斋、采芝春、东阳源、进步、太和、亦盛兴、马天一、大陆饭店、广州食品公司、永协布号联名呈称：苏城商店经此巨大损失，初意甚难复兴，乃目下商市渐有向荣之机，确赖商会领袖调度有方、维持得当，凡吾商人同声感戴。迄逾多时间有商店未复业者，以电气厂尚未开放、路灯迟未规复；路灯开放之不独便于市民，抑且利于商店营业，盖各路顾客皆得从容购备，不虞为时间所限，市面繁荣并且数倍于今，否则一至日暮全市紧闭，店员亦皆星散，商业全无起色；在此时期恐难遍复旧观，如经费欠缺，则恳先通观前街一路路灯，其他各路续待开放，要求商会迅令电气厂施行开放。

并在恢复观前一路路灯基础之上，进一步提出开放苏州所有繁华路段的电力路灯。市商会指出，苏城商店早应全体复业，经催促仍有少数商店游移未定，据称电厂之路灯尚未开放，致碍商业之复兴。惟请先复观前街一路路灯。为繁荣全苏计，对于向称热闹街衢，如城内之东西中市，及临顿路、养育巷、城外大马路、南濠街、山塘街等处，宜同时开放，便市民而利商店，苏城恢复原状，指日可待。

商会是具有一定自治权利的商办民间组织。晚清时期，旧有的商业行会与手工业行会不足以应对商战需要，官办商务局也无法肩负起振兴商务、保护本国工商业的重任，商会应运而生。最早的商会组织上海商业会议公所于一九〇二年成立，一九〇三年商部颁布《商会简明章程》之后，各省、市、县和部分乡镇相继仿设商会。

一九〇五年，苏州商务总会正式成立，其成员均为在苏有实业或经商之人，亦有工业资本家入会。苏州振兴电灯公司董事长祝大椿即为苏州商会会员。江苏省苏州市档案馆藏（档号：I14-001-0143-027）《祝大椿入会志愿书》载：祝大椿字兰舫，系江苏省常州府金匮县人，年五十四岁，在苏州电灯公司执事，住居上海，愿入苏州商务总会为会友。允认如下：一、愿守会章；二、允从众议；三、允认所举者为代表人；四、愿担会务。

民初之后，苏州商务总会逐步废除内部遗存的封建衙门气息，使商会真正成为商人的组织，并于一九一三年正式改名为苏州市商会。商会不仅发挥着联商情、开商智、扩商权、促进资本主义工商业发展的社会作用，还不同程度地掌握了地方治安、市政建设、卫生消防、文化教育和其他公益事业的管理权，同时承担起通官商之邮的历史使命。

路灯事务中，商会不遗余力地介入，为政府与电厂双方传递信息。需赶装路灯时，政府部门就经商会告知电厂。新旧电厂并立之际，苏州电气厂将已装路灯二千盏造具清册，官方查核盏数较振兴公司旧数二千一百四十五只相差无几，惟僻巷小街尚有未经装竣，正由官方催促该厂赶速一律装齐。同时，通过商会分别告知苏州电气厂及振兴电灯公司，所有路灯电费议定从五月二十六日起归电气厂具领，五月二十六日以前仍由振兴电灯公司照旧核算清乞，如果该公司对于路灯届时并不停燃，所有电费亦不能再付。

电厂催付路灯电费时，也通过商会与政府协商。市商会接苏州电气厂来函，信函中称自一九一九年五月份起按每月三千元无息摊还，为此与政府交涉，认为与官方所定七月份起摊相差仅此二月，当可俯准办理。

政府减付路灯费过巨时，亦由商会出面参与定价。商会认为此时货物、燃料成本大增诚为不可掩之事实，政府综核支款，于路灯项下酌减电费，亦属减轻市民负担起见，再以路灯事关公益，应令该厂减去一角，每盏计收银八角。为此分别致函苏州电气厂与市政府双方协调解决。

政府与电厂未就路灯电费起算日期达成协议时，商会同样居中斡旋。此时该项电费双方未订合同，所有起算时期迄未解决。但每盏七角五分之价若令自一九二七年十一月份起算厂方所亏过巨。商会折中酌核，自一九二七年十一月至一九二九年四月底止计十八个月，平均各让九个月，于一九二八年八月份起，每盏减收银七角五分，以便结束所有路灯项下积欠之费。并按此方案向苏州市政府建言，要求迅予核给。

最能看清商会在政府与电厂之间联系作用的，就是其多次作为第三方参与路灯合同的签订。一九一三年签订燃点路灯合同时，就由苏州商会出面作证。一九二〇年订立路灯合同时亦是如此。当时，政企双方代表苏州市公益事务所董事蒋炳章、苏州电气厂股份有限公司董事陈则民等经苏州总商会作证为订立燃点路灯合同。一九二五年吴县望亭镇等地订定路灯合同时，也通过苏州总商会及吴县公会出面作证。各方责任人吴县望亭镇、金墅镇、东桥乡公所、苏州电气厂有限公司等经苏州总商会、吴县公会作证订立燃点路灯合同。

除充当政府与电厂双方的中间人之外，路灯出现故障时，商会还负责向政府部门呈报修整。由于临顿路北首、任蒋桥、下塘、谢衙街口沿河驳岸出现坍陷，路灯又遭受影响，忽明忽暗，商会认为见闻确切，数度洽商，为此致函江苏省会建设工程处要求提前修整，以利行人。

三、维护治安

民国时期政局不稳、社会动荡，电力路灯对于社会治安也有着较大影响，路灯缺损是妨碍治安的隐患之一。一九四六年，苏州地方政府就因路灯对于治安关系重要，而苏地城厢内外路灯缺损之处甚多，故而召集有关机关详研办法，以利城防。

警察厅亦要求居民随时报告街巷路灯损毁情况，认为路灯损坏应调查修理，以免影响。且令附近居民随时注意，如有发现损坏路灯应立即来局报告，以便转请修理。

路灯损坏时，警察厅需负责通知电厂及时修复。由于苏州电气厂对于路灯素不注意，故各街巷之路灯入夜断火者无巷不有，甚有一巷之中仅路灯五六盏，而断火者乃有半数。警察厅长以街市路灯不仅便利交通，于治安问题亦有关系，为有利防务路灯不宜熄灭，故一面要求电厂派员查明损坏路灯迅予饬匠修复，一面由厅令行各署长转令各巡官，传谕值班警员，见有路灯断电，随时报告并通知电厂修理，以利于巡防。

路灯数目不足也给治安造成一定障碍。街巷路灯相距较远、灯光不能衔接时，电厂需负责予以添设。一九二七年，市公安局北区署长因治安紧要，所有境内电气厂路灯其中间有相距较远或未充分设置之处，以致灯光不能衔接，巡察视线难周。故应增添路灯，免致宵小有所托足隐匿之患，以重防务，特开具应添路灯地段清单，转饬电气厂迅予分别添装。关西区警署、私立务初第二小学、商民张仲举等亦均先后呈请县政府转饬电气厂添装路灯，以维治安，以重市政。

为维护治安，警察厅倡办其他形式路灯，以补电灯之不足。大街小巷四处装置，通衢大路在电光不接之处亦有装挂一二者，以期黑暗减少、宵小匿迹。社会舆论却并未赞同此种做法，反而要求警察厅与电厂通力协作，维持现有电力路灯的正常运转。舆论认为原有电灯耗费光度并减少盏数，实非怪事，而近恐灯泡失窃辄于灯头加置厚玻璃罩，光线因以减暗，盏数固仍旧，明者少而暗者多。此种情况下，晚归者大受连累，每于黑暗之处咳嗽照应以免互撞；如逢晦朔殊觉可懼，遥见黑影幢幢仿佛依稀俨如鬼物，心神发悸、毛发为悚；若遇降雨尤为狼狈，低洼之地污水满积，偶一失足水花横溅，其泥泞遍体如落汤之鸡者，无一不受其赐也。由于夜间无灯火使往来街道之间不啻蜀道，故舆论一方面愿电厂方面稍加注意、布置灯光；另一方面更愿警察略为留心，如发现不明电灯，立刻知照电厂迅即饬匠修理，以利于行人，而维持治安。相较置办火光如豆的其他路灯，此举既获益百倍，又可节省一笔靡费。

停电导致的路灯断火同样影响治安。一九二六年三月二十九日，马路市民公社就因停电事件对电厂提出批评。《苏州明报》一九二六年三月三十一日第四版《市民质问电灯厂》载：马路市民公社鉴于近来电气厂之电灯时有熄灭，前晚又忽断火至数小时之久，长此以往非特与商市营业有关，且与地方治安大有妨碍，因特于昨日下午三时召集会议公决，除函电气厂质问原因外，一面函致警察厅请转函电气厂。此处虽仅述及电灯时有熄灭，并未直接指出对于路灯断电不满，但其中说与地方治安大有妨碍显然针对路灯而言。

一九二六年四月一日晚间，路灯断电引发各界关注。该日晚间全城停电，满城黑暗，用户行人感其不便，尤以各机关最为重要，到处均用电话询问，电厂答因机器有一部分略损，现已从速修理，即刻来火。一时间电话局应接不暇，均系要电厂一三三二号电话者，甚为忙碌，延至天色已晚，仍然如故。各警所遂加派警员出外分段巡逻，以防宵小乘机行窃，及至八时四十分来电。嗣后调查其原因，据闻系电厂工人要求增加工资，该厂不允，故前日遂相约全体停工。至下午无人工作，该厂方起恐慌，由该厂经理向各工人竭力劝解，暂行上工，从长计议，并向厂主方面代为要求，工人方始开工发电。

关于停电的原因，苏州电气厂解释是由于水流未畅所致。但苏州电气厂的发电方式主要为火力发电，通过燃烧煤炭使锅炉产出蒸汽，依靠蒸汽驱动汽轮发电机发电，与水流并无直接关系。江苏省苏州市档案馆藏（档号：I34-001-0011-024）《苏州电气厂股份有限公司第十四届营业报告（二十二年度）》载有电厂设备清单。

舆论给予反驳，指出苏州电气厂开办迄今，以前之成绩如何姑置勿论，旧历开正以来断电之事已一见再见，前夜竟全市断电至三小时之久，燃户所受损失尚属小事，而关系地方治安至为重大。该厂玩忽之处存在，却归咎于其他，其诚欺乎？

虽然苏州电力路灯发展缓慢，也并未获得公用事业应有之地位，但经过本部分的考察可以看出，电力路灯出现之后，在治安、交通、贸易等方面深刻影响着近代苏州社会生活，政府、民众、商家因自身需求从不同角度关注着电力路灯的运营与发展，故而电力路灯在苏州的现代化进程中仍旧占据了一席之地。这就需要深入思考，改良了城市风貌、推进了经济发展的情况下，苏州的电力路灯为何仍未成为真正的公用事业，在寻找出相关具体原因之后，即为准确定位近代苏州电力路灯的社会作用打下坚实的基础。

第三节　电力路灯的历史定位

一、公益的缺失

公用事业最为显著的本质特征即为公益性，内容包括了满足公众特定的公共需求、维护和提高公众的基本生活质量、保证社会的稳定和发展等。“公益”一词在近代苏州路灯事业中被反复提及。

一九三〇年签订《吴县城区路灯草约》之前，苏州办理电厂筹设等事务的政府机构即被称为公益事务所。当振兴电灯公司因植杆使用本市公地立有之约据及订立的路灯合同期满时，责成公益事务所筹设市立电灯厂，所有本市公地未便续行使用，一俟开办有日，再行定期收回。

该机构还负责统计城厢路灯数目。一九二一年，新装路灯据称在一千数百盏，均由苏州电气厂造具清册，送公益事务所，查总盏数无误，即日函知厅县转饬振兴，再由公益事务所照价给算。

政府方面虽宣称注重公益，实际却并未重视电力路灯的发展，这从其拖欠路灯电费一事即可得到印证。一九三二年时，公用路灯电费各地方政府或自治团体往往不照章付给，致电厂亏损频闻，无法维持其业务者有之。电业经营者虽集体呈请建设委员会核准，转呈行政院通令各省市主管官厅对于公用路灯之电价随各地情形照章给付，并经行政院通令有案，但当地经营机关或团体往往借口经费支绌，拖欠不付，于是各地电厂经营困难，路灯电费竟无法收取。

《电气实业取缔规则》第四十五条规定，对于欠缴电费之用户停止供电。

用户包括普通用户及其他用户，而各电厂贯彻执行时，则各地地方政府或自治团体借口公用路灯有关地方治安，多方阻挠，苟各电厂仍畏葸不前、不思奋斗，忍受剥削而不起抵抗，必至破产。公用路灯关系地方治安虽有理由，但绝无由电厂负担损失之理，若经主管机关或团体不另谋恰当之补救方法，而任意欠费，徒责电厂不顾公益，衡情酌理殊欠公允。

一九三〇年至一九三一年的一年左右时间里，苏州地方政府就多次积欠路灯电费。一九三〇年三月路灯费迟至下旬尚未付清。该年城厢路灯电费一、二月份已经照收，惟三月份迄未照付。电厂早与政府进行口头订定，月清月结。拖欠半月之后，似难再行延搁，电厂即申请仍照前一、二月付费办法先付二千元。

四、五月份，依然未能按时结清。截至四月二十六日共积欠路灯电费计二千五百三十七元四角九分，五月则积欠路灯电费计二千五百四十四元九角九分，又积欠公园路灯电费两个月二百一十二元。电厂称其已发给股息日期，待用现款至巨，且甚迫切，要求将四、五两个月路灯费共五千〇八十二元四角八分及公园路灯费二百一十二元，共计五千二百九十四元四角八分，于一星期内一并拨给。

七月份则拖欠至八月未付。至八月中旬时，七月份灯费已经愆期多日，电厂又请求政府即予结付，以资应用。

十二月至一九三一年三月，再次连续欠费，时间跨度约为四个月。电厂称城厢内外路灯电费自去年十二月至该年三月二十六日止，已积欠四个月之多，原欠未清，新欠又至。虽历经商恳拨付催收，但政府方面认为新装观前路灯只数不符，致全部灯费给付停顿，电厂认为是故意拖欠延宕之计。因路灯费为固定款项，无法用其他手段进行改变，新添灯数若有不对，可彻查，随后补付。更何况省财政厅早有明文规定，指定灯费由房捐下拨付，月清月欠。电厂即以新机器购置、经济紧张为由，要求将上年十二月起及今新旧欠费，匀于两个月内结清。另将路灯实际数目会同政府共同检查，若电厂方面路灯底册有失误之处，可随时纠正扣算。

四月份依旧拖延如故。因四月份城厢内外路灯电费未蒙照付，电厂方面又以开支一应无不需用，要求政府连同旧欠二千九百元即日一并拨给，俾资周转，而应要需。

苏州地方当局甚至将公益作为获取利益的借口。一九四六年，苏州电气厂被摊派捐助修建环城马路工程费二百万元，厂方请求在积欠路灯费项下划拨，政府却借口路灯费尚未确定支付办法，所请以路灯费划抵电厂认捐工程费一节未便照划，仍仰转知该厂勉为筹缴足额，以维公益为要。

电厂方面也多以公益为借口，为自身争取经济利益。当时，苏州城厢改装电气电灯，需从上海采办物料运回苏州，振兴电灯公司就因电气电灯事属地方公益，承请所有电力路灯及材料免交落地厘捐。官方则回应称厘捐征收机构厘局定章免厘与否只分官办商办，振兴电灯公司开设有年，前运各项材料均遵定章完捐，从无免厘之案。此次添设街灯虽称不支灯价、物价、装费，而电灯究系营业性质，并非官运货物可比，若商办亦准免厘，则公家暗亏之数更无底止。该公司既能热心地方公益，则国家正供尤当照章输纳，自无准免之理。

同年九月十五日苏州电力路灯改装竣工，因实际装灯盏数与合同所载数目不符，振兴电灯公司亦即以事关公益、灯杆已装置、装费暗耗甚巨等为托词要求给予核复。

实际上，无论是振兴电灯公司抑或是苏州电气厂都未过多顾及电力路灯的公益性。新旧两家电厂交接尚未完成之际，巡警发现某日上午振兴电灯公司突然派员将其所装各街路灯灯泡一齐摘下。此时苏州电气厂新装之灯尚未全数开灯，如任振兴将各地方之灯泡全部拆除，齐门外大街、洋桥以及北新厂等地新电厂未植杆挂线之地夜晚当成漆黑之状。警方即向该公司交涉，民众对此予以谴责，认为如拔去电杆、不点路灯等确有其事，实属有碍地方治安。

苏州电气厂亦因维护路灯不力，受民商颇多责备。公众责问苏州电气厂，归并振兴电灯公司之际，非以市办相号召乎？然而归并之后，虽宣言从事整顿，使全城电灯大放光明，乃此数年之中该厂之成绩如何？全苏市民以全力协助该厂归并振兴，竟未占得该厂丝毫利益。灯头之旧者不知更换，损坏者不知修理，每日开灯之后，路灯之无光者随处皆是，焉能归咎于招牌等？

从上述研究可见，政府与电厂虽从各自利益出发，在不同场合强调过电力路灯的公益性，但当需要为此种公益性担负责任时，双方都不约而同采取了消极应对态度，并将公益性作为自身的攫利工具，管理、经营电力路灯时都未真正将公益性考虑在内。公益性是公用事业最基本的属性，作为公用事业管理方的政府与运营方的电厂对于电力路灯公益性的忽视，是苏州的电力路灯未获公用事业应有地位的主要原因。

二、主权的标志

公用事业具有自然垄断的独占性、资产专用性等特征。近代苏州的电力路灯虽因其公益性的缺失，不能视之为完整意义上的公用事业，但依然有着不同于其他行业的特殊性。如前面所述，政府参与了电力路灯的管理、定价，并为燃点路灯提供费用，这使路灯事业具备了半官方性质；建设路灯系统需铺就大规模的基础物理网络，铺设网络所需的高额先期投资形成了一定资本沉淀，构筑了较高的行业准入门槛，也让路灯的经营具有了垄断性质。另外，电力路灯在近代苏州城市的治安、交通、贸易等方面作出的贡献，还为地区内其他实业的发展奠定了基础。以上种种特殊性，促使电力路灯在苏州现代化进程中除改良了城市风貌、推动了经济发展之外，还发挥了其他实业所不具备的社会功用。

电力路灯对于电力事业具有重要意义。建厂之际，苏州电气厂就极为重视路灯合同的签订，指出振兴电灯公司在苏州经营电灯虽有官厅之许可，并在城厢内外拥有植杆挂线之权，但主要是通过与官方订立路灯合同，且每年支付市街植杆费用而获得相关权益。该项合同早于一九一九年五月期满，全市人民盼望新公司成立，与新公司订立植杆、挂线、点燃路灯合同。

合同订立之后，苏州电气厂燃点路灯的心情甚为迫切。该厂与苏州市公益事务所订立燃点路灯合同的同时，即已购置电机等件于六个月内即可开灯，并称视地方情形确有设立之必要，而不能延缓。甚至在路线尚未接通时，苏州电气厂以便利行人为由先行装就路灯。但细想之下，路线尚未接通则路灯无法点燃，自然无法起到便利行人的作用，苏州电气厂此举应是向市民宣示该厂已获取了电力路灯经营权。

电力路灯的服务对象为全体市民，同时电力路灯是电厂与政府之间联系最紧密的纽带，所以拥有了一座城市的路灯经营权，在某种程度也标志着对于这座城市电力事业的控制。同样，电力路灯在地方政府心目中也有着特殊地位，这从当局四次与电厂签订路灯合同，却从未签订诸如供电之类的合同即可看出。电力路灯对于苏州近代社会的特殊作用在于：当时的社会各方都将电力路灯的运营与维护主权联系起来。

苏州电气厂认为承办电力路灯事关主权。创办人称其为尊重地方公共营业、保守主权起见，发起创立苏州电气厂。同时，遵照相关条例集资股本三十万元，每股银洋五十元，是为经营电力事业，供给社会使用。并称商会具提倡实业、挽回主权之心，各界人士同此心理，足征振兴公司之不洽舆情，而尤渴望新公司之速速成立。

并声明其之所以创设电气公司，是为反对外资侵入，保护主权起见，并非专以营利为目的也。该公司在阴历四月初十日开创立会举定董事后，即于苏州市公益事务所董事蒋炳章、潘盛年、顾则范订定路灯合同，将植杆、挂线、点燃路灯之权完全归入该厂，并令振兴公司拆去杆线，则苏州城厢内外之杆线问题均已解决。

苏州电气厂董事长陈则民更将振兴电灯公司售卖股份于日商一事提至卖国程度。江苏省苏州市档案馆藏（档号：I14-002-0187-055）《为奸商私卖电厂确实有据事函呈江苏省长、实业厅》载：苏城电气事业关系全城安危，岂容奸商自便私图售与洋商，该公司无卖国之权位能力，强欲附于卖国者流，而将苏州一隅之地拱手授人，今何时乎？五月九日之国耻未忘，山东存亡之问题又起，稍有血气者孰不痛心疾首，谋所以补求之方，而该公司等竟视仇如亲、认贼作父，谓非丧心病狂何至于此？市民等组织新公司，以谋实力之抵制也。

电厂虽有借维护主权达其营业目的之嫌，但与路灯休憩相关的民众一方亦认为签订路灯合同即标志着获取主权。苏州市民刘传福、蒋炳章、孔昭晋、宋铭勋、冯世德、张炳翔、金树芳、沈德琪、陆清翰、吴震元、宋度、吴鼎元、吴勤树、沈绍增、苏绍杨、徐绍镛、李宗灏、唐翔凤、徐家振、邹宗淇、李振霄、贝理泰、夏喆兟、吴慰祖、宋肇琪等向苏州当局呈称：近闻该公司祝商大椿将公司全部暗售与大仓洋行，已订密约，由祝商分期收款，即日交接实行，殊堪骇异；如果确实，涉及主权归属，业经分别电请省署、实业厅派员彻查在案；事关主权，勿任其蒙混，请求代为核转注册，并祈知照苏州市董禁阻订立续约，以杜流弊。

政府方面，也提及装置路灯涉及公益。苏州当局曾指出添装路灯宜迅速也，各处报告添灯全为公益起见，该公司任意拖延，有报告一年之久而仍未装设者，无怪各公社之烦言。

但各级政府多将包含电力路灯在内的电力事业与主权挂钩。江苏省实业厅即认为创办电气事业关系地方主权，认为电力事业为地方要政，究竟该公司是否暗售日商应立即彻底查究，断不能令奸商以属于市政范围内之实业擅自招人承办，俾维本市公共营业而全主权，令该县迅即查明核办具复，并等候省令遵行。

道尹王莘林亦以为变卖电厂股份有碍主权，认为电力事业关系地方公共安全，非别项营业可比，即有增加股本或变更公司内容，亦应先行呈复核准，岂容私自变卖或任外款侵入致损主权，究竟其中实情如何，自应确查核办。

吴县知事同样将电气事业当作主权之一部分，在其致振兴电灯公司函中诘问该公司：贵公司此次改组情形外间传说有出卖之说，人言不一；惟电气事业关系地方公安，非别项营业可比，迭奉令查，迄未查明实情；究竟此次变更内容如何，有无售卖或抵押外款情事，即希贵公司各董事签名盖章据实回复。

虽然其他实业的发展也有着保持主权、增强国力的作用，但很少有像电力路灯这样，经营方能够将自身业务开办所需之植杆、挂线、点燃路灯之权直接与保护地方主权相联系，并得到政府支持，同时获得市民认可的。在国力不振、政局不稳的时代，新型公用事业电力路灯顺应历史潮流出现了，该事物虽未作为公用事业之一部分参与现代城市建构，但被注入了一定政治色彩，成为维护地方权力的象征。由此可见，新事物在融入转型期中的中国时，往往因遭遇某种阻力而未能获得应有之地位，但仍旧可以结合历史环境与时代背景，派生出适合其生长的新功能，此种新功能与其尚存的内在属性一起，改变着当时的社会生活。

本章小结

通过对于苏州电力路灯的研究，可对现代化转型的本原略作反思。费正清在《中国：传统与变革》一书中将现代化转型归纳为冲击—回应模式，将中国历史划分为传统文明在过去三千多年间的相对孤立与自近代以来同西方现代世界接触所产生的动荡与转变两个相对独立的阶段，将传统中国社会秩序、国家和文化之强大构成的某种惰性看成是阻碍中国完成现代化应战的主要因素。众所周知，华夏世界曾长期领先于其他国家。现代化转型则是以近代西方文明优于中华文化为假设的，中国与近代西方文明发生碰撞之后，社会、经济、思想等方面虽都受到了西方影响，但从长时段分析，此次现代化转型仍只是一次与传统中国历次改革相类似的社会变革，只是此次变革较之前历次改革更多地借鉴了他国经验，其意义并非大到可以将传统与近代中国割裂的地步。以苏州电力路灯为例，虽其借助西方文明在近代中国诞生并发展，但终究未能成为公用事业这一西方现代化经验下的设计结果，而只是进化成了某种新变体。此种新变体也正是在融合了近代西方文明的基础之上，由费正清所述之传统中国社会秩序、国家和文化的强大所造成的固有惰性主导的。

第三章　商业、生活及公务用电

二十世纪初，电在苏州出现之后，作为一种新能源、新科技，被广泛应用于苏州的商业领域、社会生活、政府公务等方面，将这一江南传统工商业城市推入了现代社会。

第一节　商业领域用电

一、电器销售的垄断与市场化——以电灯为例

光，是现代化城市的象征之一，“灯火通明”常被用来形容城市的繁华。电灯作为常见的生活电器，将电与光直接联系起来，为城市社会带来了理想的人造光源，其使用的安全、便捷，光线的充足，是蜡烛、煤气灯等其他照明工具无法相比的。正如李欧梵笔下的上海，“外国资本主义统治下的上海虽然很可怕，但这个港口熙熙攘攘的景象，还是渗透了她无穷的能量：LIGHT，HEAT，POWER！在我看来，茅盾希图用他的华丽笔触来传达的光、热、力这三个词，再加上NEON（霓虹灯），在中文本中用的是英语，显然强烈暗示了另一种‘历史真实’。它就是西方现代性的到来”①，光线昏暗时刻电光的笼罩，也成为苏州自十九世纪以来城市现代化转型与社会经济变迁的重要印记之一。

近代大多数时期内，这座城市的电力事业由某一电厂独家经营，商业垄断的气氛浓于商业竞争。日间用电尚未开放的年代，电厂各项业务中电灯占据了重要位置，振兴电灯公司即颁布相关装灯章程，介绍了装设电灯的种种优点，包括避免火灾、卫生有效、光线充足、价廉物美等，并宣扬在装配电灯方面聘定头等工程师装配各种电灯机器，由外洋定造各样灯料，花色新奇。因开业在

① 李欧梵.上海摩登：一种新都市文化在中国(1930—1945)[M].毛尖，译.杭州：浙江大学出版社，2017:4-5.

即，布置将竣，还进行了商业促销活动：振兴称其电灯业务将于近期内开放，灯额可至六千盏；现因招徕起见，以三千盏为优先额，照定价以九折收费三个月为限，如诸位官绅住宅并各宝号欲装电灯者，请赶速至该公司挂号；三千盏数额有限，额满一律照章不扣，幸勿观望。

该公司对电灯的装设与运营都给予了详细规定。装设方面，光度一律以十六瓦特为普通，定费一元五角，按月终照收。凡用电表之家，每月如点不满十盏者，终以普通烛光十盏起算，多则以电力计，如电表损坏由用户赔偿，用电表者不论八瓦特、十二瓦特、十六瓦特、二十四瓦特、三十二瓦特听凭择用，每逢朔望按表结算。用户需要添置灯头时，也应知照该公司随时饬匠加装。如遇迁移地方，则必须随时告知该公司派机匠拆去灯线，如不通知，所有耗去电力及灯线等物的损失均归用户负责。各户碰到喜庆等事，欲装各种新异电灯或数十盏至数百盏，也由公司随时代装，其灯费、装费另议，不在章程规定之列。

运营方面，燃点时刻以傍晚开灯至二点钟为止，凡用电表之家尽可通宵不熄，听用户自便。该公司所立灯杆之处，几乎涵盖了苏州所有繁华地段：南濠街起至黏鱼墩，接驾桥至护龙街察院场，春仙戏园至广济桥，察院场至醋坊桥，阊门至石路口，吴越坊至济安桥，石路口至普安桥，齐安桥至刘家浜，普安桥至阊门，接驾桥至市巷中，阊门内起至接驾桥。灯杆未竖立之处，也允诺将随时酌量添竖，以资扩充。

除承办电灯的装设与运营事务之外，振兴电灯公司还试图对电灯售卖环节加以操控。该公司广告中宣称其专办各种异样灯料，任意择用。除普通灯外，各样灯价均照外洋定价。

当有商行出售电灯时，该公司就设法向其竞争者施压。江苏省苏州市档案馆藏（档号：I14-002-0130-067）《为市场劣质灯泡易损坏，公司备有新灯请客购买事函商会》载：敝公司开办以来，无不极力维持保全公益，各号家所点电灯，灯泡日久点用，势必断丝，且有动手破坏，所以敝处另备灯泡，以便用户购买，此项灯泡公开定造，与本厂机件路线等配有一定电力、一定额设，不致有损坏机件之虞。乃查得观前大有恒、杭源祥、杭和祥三家洋广货店不问底蕴，购备十六瓦特、三十二瓦特灯泡擅自出售，而用户就近购买，殊不知电力参差，损坏堪虞，且有不遵定章之家原出贩卖，私至该号购买三十二瓦特燃点，紊乱章程，向彼审查均云，系以上三家抖来，并出善价方能购此光多之灯泡。惟查广货店向不售卖此物，今观前一带盛销，在三家专图厚利，拟将加大灯光自行发卖，卖者暗中取巧，不顾公司章程恣意购换，以致敝处防不胜防、罚不胜罚。贵会有保商之责，为特略具情由，尚望咨照该业董事及代表劝令停售，或将该业所存灯泡尽数由敝公司照进价买下，以杜流弊。

此处，电灯公司所提出的三家商店售卖的三十二瓦特电灯泡与上文章程中所载十六瓦特灯泡规格不同，易损坏机件，尚能自圆其说，但电厂并无电灯专卖权。一九一八年政府颁布的《电气事业取缔条例》中，亦未寻找出电灯由电厂专售的条目，反倒对于电厂经营有着严格限制：凡经营电气者非呈准交通部立案后不得开办及使用电气工作物，关于地方事业及营业计划属于其他主管官署者，应同时呈明该管地方官署及主管官署核准，前项工作物系指电线、机械及其他与电气有关系之物。因而电厂要求垄断电灯销售显然是不合情理的，显示了电厂在地方社会中的强势地位，电力经营网络之中，电厂掌握了超出其权限的话语权。

上述时间发生的具体时间尚不可考，但至迟应为一九一八年六月。此时发生了前述振兴电灯公司股份暗售日商事件，该事件激起民愤，引发了包括政府、民众在内的各方人士对于振兴公司的普遍不满。苏州市民购置发电机自行发电，与其分庭抗礼。江苏省苏州市档案馆藏（档号：I14-002-0190-001）《为市民违章私营电气事业请取缔事函苏常道》载：不意本年五六月间，当学潮剧烈之时，慰为谣言中伤，燃户惑于铄金之口，剪线停燃，竟十之七八，公司营业一落千丈，不绝如缕。此尤均为出于燃户之自由，设公司维感重大痛苦，宁忍须臾，不欲卷入当时之漩涡，与争一时之皂白，且关以共益公司董事龚子英、吴纳士、杨廷栋等加照核办。……乃查苏市购办小引擎设机发电共不下十余处，其中公然营业者，如都亭桥等，共有七处之多。

振兴本厂工人则罢工抗议。当日下午四点半钟，警察署接振兴电灯公司蒉经理电话，报称该公司机匠人等聚众罢工，恐今晚电灯不能照常开火。署长当即率带巡官到该公司询及各工人罢工情形。据各工人声称、当地小报记载，公司有出卖于外国人情事，工人等生计将有断绝之势，不得已先行罢工，今晚即不工作，火即不开。政府亦介入调查。江苏省苏州市档案馆藏（档号：I14-002-0189-030）《为电灯公司私售日商事函吴县知事》载：苏城振兴电灯公司日前传闻业经出卖并有抵押外款之说，人言不一，苏沪各报亦均登载。前据苏警察厅呈报，该公司工匠亦因此意图罢工，即经令饬严密侦查在案，今日纷传益甚当，非全属无因。……除令警察厅外，合函令仰该知事迅即会厅确切查详细具复，以凭核办，勿稍违延切切。在此情况之下，该公司商誉败坏，再也无法垄断灯泡的出售环节了。

随着电力在各行业被广泛引入，国内厂家逐渐具备了生产各种电器材料的能力。吉尔伯特·罗兹曼的巨著《中国的现代化》一书中曾指出：1917年华生电力制造有限公司成立，主要生产电器、开关等装置；1922年中国国际电力瓷器有限公司建立，三位曾在美国威斯汀豪电力公司受过培训的技工成了该公司发展壮大的骨干，该公司制造了能处理3.3万伏高压的电力设备。二三十年代，生产电线、电缆、电池及各种绝缘材料的公司如雨后春笋般地冒了出来，以较低成本生产的设备，质量也相当不错。

包括电灯在内的电器销售也逐步突破了电厂的垄断，专营电器电料的电器公司与电料行在苏地接二连三地涌现，出售各种电器电料，并安装电灯。

一九二〇年时，上海福来德电料行就在苏州开设分行。《苏州明报》一九二七年二月十五日第四版载：本行创设沪上历有数十余年，声誉卓著，自庚申年设分行于苏州阊门外石路口，自运各国电器材料，久蒙各界赞许。在此商战竞争日烈时代，亟应广聘各项专门技师，在苏沪扩充营业，若荷各界承装各色异样电灯、电铃、电炉，兼计划一切工程等，无不尽力研究，精益求精，并出贷喜庆巧装五彩电灯牌楼，工程迅速，定价极廉，花式繁多。兹承欧洲各国各厂委任代批各种永备电筒，为优待便利顾客起见，一例照申批发，如蒙诸君惠然光顾，特此通告。

商行时常经报刊发布广告以推销经销的各种新电器。该年五月二十三日，福来德在《苏州明报》发布广告称：本行分设苏垣，倏已数年，价廉物美，素承各界赞，自沪上总行运来大批奇异花色灯泡、灯罩、电扇、电铃、电话等件，如蒙赐顾，请驾临大马路小行。

一九二六年四月，苏州耀明电器公司开设于临顿路白搭子桥南首，自运德国西门子、荷兰飞利浦等各种灯泡、风扇、熨斗、火炉等，并特聘技师包装电灯工程。

一九二七年十二月，又有新的电器物料公司开设阊门内西中市德馨里东首（协泰祥皮货行旧址），系姑苏始创，专销优等各式电料，花样全备，应有尽有，代客装置电灯、电铃、电炉及暖锅，无所不关。其宣称价格特别克己，稳妥可靠，以昭信用，先订交易，特别廉价，花样繁多。如委装电灯，装工不计，物料公道，如此良好机会，幸勿交臂失之。

一九二八年三月，苏州老德记电料行开张。开张广告中介绍了电对于商业经营的重要性，认为电是商业之中最为重要之物，而不可一日无电，用电之家可得许多便利，黑暗之中电光一发，使得照耀如同白日，又可赏心悦目，如欲营业竞争发达必须多装电灯。并宣扬价廉物美之电料只有老德记一家，现在开幕期特别大廉价一月，不惜牺牲，优待顾客，机会难得，祈请驾临参观，格外欢迎，切勿交臂失之。

七月营业的大明商号既售卖各种电料，又修理电力马达、发电机、无线电等物。此商号承办五金机器，专装稳妥电灯，专售各国五金、杂物、电器材料、引擎马达，并聘有专门技师代客修理各种机器、马达、发电机、无线电等，定价公道，货物精良，举凡一切工程均可代办。

一九二九年一月，新星电器行开幕。该行开设临顿路白塔子桥，坐东朝西门面，专办各国电器，特聘专门技师包装各种电气工程，并兼售华洋百货、男女用物、上等化妆物品。

六月，观西大街的苏明电料行开业已逾一周年。该电料行统办电力用品，承装电器工程，对于选料之精、定价之廉，有口皆碑。并经营欧美各国名厂各种电筒、电池、电灯泡，经久耐用，光线充足。此外，还包装五彩电灯。

品牌意识亦被引入电器经营领域，奇异灯泡就俨然以老牌自居。该种灯泡宣扬选购灯泡品种应当研究其费电不费电、耐用不耐用，不应只顾灯泡价之高低，灯泡价高低省费有限，日常所耗之电及常须另购之灯泡，所费必不赀也。奇异老牌灯泡，灯泡价格固较杂牌略昂，但省电光亮，经用可靠，非他种所可比，故用之最为合算。

经营较好的电料行也具有了一定声誉。一九二八年，福来德电料行自上海至苏州开设分行已有九年，自认对于营业上向昭以诚，故荷各界洞照，纷纷惠顾。此时却有不法之徒在外假冒该商号，将劣货向各处兜传，故而该电料行敬告市民，设或因此发生意外，则与该行名誉攸关，各界幸勿受愚。

二、新式电器——划分社会阶层的新工具

电在当时属于先进事物，使用电器成为引领潮流的社会风尚，商家将其当作招徕顾客的重要商业手段。旅馆业中，各大旅社相继使用电灯照明和装点，同时装设电铃传递信息，并装置电扇、电炉等，在不同季节为顾客提供舒适的居住环境。

一九二五年苏州新江第一旅社开业，就以电铃、电灯、电扇为卖点吸引顾客。此旅社开设阊门外横马路中，空气清新，交通便利，特设宴会厅、喜寿堂，布置西式油漆房间，红木器具、欧美铜床、铁床、绸缎呢绒被褥、电话、电铃、电灯、电扇应有尽有，并邀请著名厨师专办京苏各菜，脍炙人口，至于房间之宽敞、光线之充足、被褥之清洁、侍奉之周到更无俟赘述。

一九二六年十一月开业的两家旅社，也都将各种电器的装就与交通便利、装潢考究、家具高档并列，作为旅社豪华高档的标志。协记第一旅社开设于大马路鸭蛋桥旁，交通极为便利。建造洋式三层洋房，坐北朝南，门面房屋宽敞，内布置一新，楼上特备电话，各房间添装电铃，以应旅客之便。新添特别欧美铜床器具，全用红木，陈设幽雅，被褥全新加厚，冬备电炉，夏装电扇，房价自四角起至二元止。共设大小房间八十余间，布置完善。

新阊旅社则位于横马路，沿阊胥大马路，紧靠新阊门，交通极为便利。建筑华洋房屋、宽敞大厅、喜庆寿房，只收电费及用具费，布置房间数十个，均用各种上等木器，房间内均用躺椅、镜橱，冬装电炉，夏置电扇，一概清洁。

文学作品中，亦将电灯描述成高级旅社的必备陈设：马路上客栈林立，内有三层大洋房，玻璃和合窗，房内大铁床、着衣镜、绉纱被头、熟罗帐子、洋式大菜台、瓷器大便桶，壁上挂了洋书，梁上悬了电灯，收拾得清清洁洁，布置得雅雅净净，房价颇贵，专供游人憩息。客栈生意开了只有发财，永没有折

本的时候，所以客栈愈开愈多。这爿客栈尤为特别装潢，店号叫吴苑大旅馆，这吴苑大旅馆五个大字真是雅驯，房间尤多[①]。

饭店在夏季装配电扇，改善用餐环境。广济桥的南聚源饭馆特办西式房间，装设电扇，以便客人小酌畅叙，颇为相宜。

饭店门前的露天酒座也安装电灯揽客。每逢气候温暖，特别是盛夏季节，元大昌酒店门前的露天酒座便会及时拉上几盏电灯，照得整个院落半明不暗，作为专门招揽顾客透风纳凉夜饮的场合。如遇月圆之夜，清风正拂，梧桐叶儿簌簌作响，树枝轻轻摇曳，电灯光因而或作闪跳。

房东租售房舍时，将电灯写入租售广告。西百花巷四十三号住屋出租时，称其第一进三间，第二进茶厅、书房、大厅、女厅，三楼三底，井、灶、柴房、电灯、电话俱全。

另一则租售广告中的房屋，从地理位置、装潢陈设等处考量，应为上等房源：本屋坐落阊门内承天寺西海岛二十一号，堪称极优，市场甚近，闹市取静；房间均系玻璃窗格，光线透明，装修精良，电灯电表装置完备，井灶俱全。电表可以精确地计量电力。装设电表，既让用户体验到了全新的西式计量方法，也传达了精确与公正的精神。

电扇虽未像电灯那样，带给城市清晰可见的现代化改观，但它使电和风直接相关，对日常生活的贡献尤为直接。未有电灯之时，其他照明工具虽有着种种弊端，但无需付出劳力即可在夜间视物；炎热夏日，传统时代中国民众只能通过人力驱动的扇子纳凉取风，电扇在节约了劳力的同时提高了生活品质。

兼营理发与洗浴的普益社因天气渐热，将装置电扇，并安置各种设备，应有尽有。

部分资本、规模较大的理发店装设电扇后，营业状况较好，竟然引发了业内小店滋扰、强行拆除的风潮。首先，青年会、乐华社、观前街协和等部分苏埠理发店因装设电扇，被一部分小店强逼拆除，曾发生小风潮。其次，理发店老板王锦囊因装设电扇被同业聚众滋扰，特具呈公安局请求保护。

青年会理发室还应用电气磨面，并特地登报公告。

电扇和大多数近代转型期出现的新科技事物类似，先拥有的应是经营规模

① 天梦.苏州繁华梦(上)[M].上海:改良小说社,1911:14.

较大、资本雄厚的商家，他们通过先行拥有某种新科技事物，在一定时期内拉开与其他竞争者的差距，获得营业额领先，同时树立良好的口碑。

而将电扇与其他电器的应用进行比较，装设电扇的理发店也应装有电灯，但并未引起其他同业不满。遭受打砸的青年会理发店装了较电扇更为稀有的电气摩面，亦未因此物激起打砸风潮，故而电风扇的普及率应当较电灯为低，较电气摩面为高，其使用群体应是业内一小部分商家，这部分商家通过装置电扇，形成了优于其他商家的经营优势与影响力。

包括电扇在内的部分电器，在某一特定的社会经济环境之下，成为划分商家层次的工具。电在生产、使用、输送等方面，都具有其他新科技事物所不具备的优势，使得电在现代化进程中不仅未被淘汰，反而可以随着社会的进步融合同时代的最新科学技术，通过各种新电器的开发应用于社会的方方面面。

吉尔伯特·罗兹曼《中国的现代化》一书中对于“现代化”的定义是：在科学技术革命的冲击下，业已经历或正在进行的转变过程。电进入中国之后，在社会转型中的作用是不可替代的，并逐渐与现代化划上了等号。正如王国斌所说：我们不应当对中国技术变化的明显减慢太多地感到迷惑，相反倒应当对欧洲的技术发明更多地提出疑问，……在19世纪后期到20世纪初的几十年中，世界其他地区逐渐懂得了欧洲所取得的胜利。各国都希望追赶上来，尽管有些国家仍然继续落在后面①。

洗浴业中，老字号的洞馥泉盆汤浴室同样装置了电扇、电铃。该浴室为特别改良，优待贵客，添备电扇、电铃，新装洋磁官盆、沙发、冷热水龙头，座位宽畅，空气新鲜，冬暖夏凉，应有尽有，至茶房伺候格外周到，并备香水、香皂、花露水等。

一年后的六月二十五日，因正值夏令，天气炎热，洞馥泉盆汤浴堂专门刊登广告，将电灯、电铃等列入。广告中称该浴室创设以来已达数十年，久承各界欢迎赞美。现因各埠注重卫生，须宜房屋油漆干净、空气充足、冬暖夏凉。该堂亦特别改良，比众格外考究，内装电灯、电话、电铃，今年添装电风扇，招待周到，价目克己，倘蒙绅商学各界驾临惠顾。从中可见，电扇等电器的装

① 王国斌.转变的中国——历史变迁与欧洲经验的局限[M].李伯重，连玲玲，译.南京：江苏人民出版社，2010:31.

设也成为洗浴同业间竞争的重要手段，各种电器，特别是夏天用以纳凉的电扇，成为高档浴室不可或缺的装设之一。

电还进入了苏州的医院与诊所，在医学领域发挥着作用。博习医院护士学校的招生广告里，就赫然将电灯费用作为待遇的一部分，称除应付之学费外，其他如饮食、住宿、被褥、制服、书籍、洗衣、电灯费用均由校供给，尚有减免学费条件，详载章程。

电器也成为患者治疗疾病的医疗工具。专科诊所中，牙科与皮肤科较多地使用电器诊病。牙科方面，医生利用电力设备治疗牙病。观前天然牙医室宣称：该馆牙医生游学有年，专门治疗牙科，以期奇难杂症均能妙手回春，所有镶牙，全口磁牙、电气种牙，俱用足赤，补金银磁粉莫不服贴自然，拔牙用药应手而下，毫无痛觉，谓予不信，请尝试之。曾任博习医院牙科主任的英美医牙科学士李骏英则开设诊所于天赐庄，自称用最新电机治疗，各种镶嵌无不齐全。

皮肤科治疗中，亦采用电气紫光灯这一新设备进行照射，以达到治疗目的。开设于苏州城厢的曹仲文医院由德国专门购到各种紫光电疗器，专治皮肤、风湿等症。

脚气病患者也肯定此种电气紫光灯的疗效。居住于苏州车站附近的患者黄家荣在《苏州明报》撰文称其患脚气病有年，屡经医治，未获效验；承苏州惠更生医院用新发明之疗病器紫光太阳灯治疗，数年之患一旦霍然。紫光太阳灯能治疗肺病、皮肤病、血亏病、脚气病诸症，颇有效验，因此登载报章，以告世之患病者尽往试之。

高周波电疗机被视为万病通治的医疗设备，应用于各种疾病的调理与治疗。光民医院声称，该院添建优等病室，空气清新，光线充足，外有广大花园、茂林、假山、荷池、石桥，风景尤佳，极合疗养。近更采购德国最新法万病通治之高周波电疗机，专治内外耳目、疯癫诸科，兼种痘，新法戒烟，急救时疫，看护周到。

这种新式治疗仪器在当时风靡一时，宣传中为吸引患者前来就医，不免有夸张之成分，似乎其他医疗手段未能解决的疑难杂症，依托该种新式电气医疗设备，可妙手回春。广慈医院宣传其新装万病通治高周波电疗机功效强大，对于药石无效诸症，如肺痨、肾胃、皮肤各科，均有意想不到之效力，抱病诸君而悔心于药石之疑难症，当有最佳之解决，危险毫无，取费低廉。

个别诊所甚至详细描绘了电气医疗的原理及治疗过程，并特别强调与其他旧式电机不同。医生陈鲁珍具有德国留洋背景，回国后在苏州行医八载，发现慢性症病药石往往不易见效，因而特由德国购到新式电机运苏装就，陈宣扬此机能将电气化热，经过骨络透入肺腑，使气血和顺、疼痛立止、细菌消减、经络活动，效验迅速，毫无刺激，与其他旧式电机不同。

传统时代的中国等级森严，国家与社会人为设置了许多区分地位与阶层的标识，如穿着的服饰、居住的居所、从事的职业、考取的功名等。罗威廉在分析汉口的精英阶层时，就将“轿子”视为传统中国划分社会阶层的标志之一：毫无疑问，汉口精英阶层最为形象、引人注目的标志，既不是朝廷颁赏的品级或审美情趣，又不直接由财富和权利反映出来，它的标志是轿子。……经常坐轿子是社会上层等级区别于那些自己步行的平民阶层的一个临界线[①]。

近代转型期中，虽提倡人人平等，无种族、阶级、宗教之分别，但社会阶层差别依然存在，此时划分社会层次的工具，应当适应社会发展潮流、能够为社会所接纳，并具有一定实用性，且和民众日常生活密切相关，同时也是经济成本较为高昂、不能为下层民众所轻易拥有的，电几乎符合上述所有条件。

除前述各业之外，餐饮业中装置电器也是营业正规、招待周到的体现。夏日炎炎之时，冷饮店布置新式，装潢优雅，特备有电扇、电话及大号电风扇，自夸其无所不备。

当时的社会阶层似乎未有明显界限，但消费水平的高低是区别阶层的重要标记，在拥有电器的高档场所消费，往往体现了消费行为背后所蕴含的财富或权利。因此，电在商业运作中的角色，除区分了商家本身的层次高低之外，也划分了消费者的社会阶层。若从商业视角审视城市社会，商家和消费者即构成了社会整体，故而电成为现代化转型期整个社会人群的阶层区分工具之一。

社会流行的其他新兴生活方式，如烫发、穿着新式服装、泡咖啡馆等，虽也有着区别身份地位的功能，但电器的标示作用更为突出，应用范围也更为宽

① 罗威廉.汉口:一个中国城市的冲突和社区(1796—1895)[M].鲁西奇,罗杜芳,译.北京:中国人民大学出版社,2008:65.

泛。从消费者心理角度进行分析，电器的应用不仅为具有相应消费能力的顾客提供了符合其身份地位的消费场所，同时由于这些装设电器的服务场所层次较高，也能够吸引部分消费能力较低的下层民众不时来此处消费，在无法轻易获得其他社会认同方式之时，下层民众也希望通过此种消费方式获得相应的社会认可与心理满足。

产生这种社会认同的原因是多方面的，除了经济原因使相当一部分人望而却步，造成身份差异的刺激之外，也有电本身带给消费者各种感官上的冲击与舒适感，以及趋向社会潮流的从众心理。这一心理在《新苏州初编》这部描写晚清时期苏州城市生活的小说中表现得淋漓尽致：堂子不比别家，装潢得很华丽，门前点了几盏电气灯，明亮辉煌，如同白昼[①]。

三、由电器之应用看上海现代之风

新式电器涌入苏垣，曾让苏州市民眼界大开。上海的商家也会到苏州兜售一些精巧的时尚生活用品，其中包括各类新式电器。如上海光明公司在苏州阊门外留园内陈列精制国货热水瓶、电气熨斗、彩花精巧电罩、电气炉子等货物，号称只有三天，物美价廉，勿失机会，呼吁爱国同胞速购国货。电气熨斗、电炉等物，将电转化成日常生活所需的热能，电由此直接参与了做饭、取暖、熨衣服等，与人们的关系变得密不可分。这些新式生活电器，与热水瓶、玻璃器具等当时堪称新式、高档的生活用品一起，经由上海传入，冲击着尚受传统生活习俗影响中的苏州民众。

电与声的联系，是以电为原动力的新式娱乐设备为纽带的。电唱机与收音机逐渐出现于苏州街头，丰富了日常文化生活。前述旅馆业中的电铃也是将电转化成声音的工具，但主要作用是为了传递简单信息，是一种方便物质生活的简易设备。电唱机和收音机则将电转变为声音讯号，能够传递各种复杂讯息。喜爱戏剧的人们不再需要去剧院或者请来戏班才能听戏，打开电唱机即可欣赏到名家演唱，并且可以重复欣赏。了解新闻、商情等也不必费时费力去打听，

① 天哭.新苏州初编[M].上海:改良小说社,1910:5.

使用收音机就能获知。电与声的联系建立之后，极大丰富了人们的精神世界。

专售电唱机的华达利唱机行开幕广告中告知，该行自开幕以来所售出唱机已有数百只，或有脱色、发黑等情形，均可向该行修理，分文不取，以符顾客之雅意。用户如备有敝行之唱机，限于初十日内送到修理，如过期只能候下次修理。从上述华达利唱机行开幕广告中可见，仅此一家唱机商行销售的电唱机已有数百只，并且还开设了唱机修理业务，因而电唱机在苏州已不再是稀奇之物了。

收音机也开始进入苏埠市面。观前街青年会附近钟表眼镜店专设电话部，出售各种电话，机件精良，并代客修理及充电等，价格特别便宜，可收听上海各播音台新闻、音乐、弹词、商情等，家置一台，其乐无穷。

针对收音机可能遭遇的雷电袭击，贞和电器行购入大批避雷机，并告知民众：夏令将届，雷电时行，电线高装空中，极易接触雷电，有鉴于此，为安全起见，特运到大批避雷机，凡装此机者，即可免除种种危险。该公司利用新事物在特定场合引发的新型危机制造商机，并以此牟利，这是基于对电器原理有着较为深入的认知，同时对于使用这一新式电器的用户也有着清晰界定，当是识字并具有一定科学常识及经济条件的人群。

以上可见，苏州本地的电料公司代理上海各行所生产或经销的收音机，苏州市民收听的则是上海各电台播放的新闻、音乐、弹词、商情等，可见苏州本地并没有影响力较大的电台，甚至距离苏州不远的南京也未有提及。虽然当时上海的现代化进步①，深入扩散至苏州社会文化生活的内部。

文明戏的演出亦是如此。文明戏表演者董鸿声应当是苏州人，从上海这一大都市返回家乡苏州演出，自备五层白铜牌楼、新式五色电灯，特别喇叭出音，空中电灯拉戏，文明女子双簧，女子苏滩京韵大鼓，男女滑稽，四簧戏迷京戏，如贵客喜庆堂会，定期无误。新式五色电灯、空中电灯拉戏这两项电灯表演技术，在文明戏演出中也应当是新花样，故该演员以此博取眼球。

电光艺术照相同样由苏州人自上海引入。一九二八年，曾在上海与至交彭式丹经营光艺照相馆的苏州技师宣称艺术照相现在已为各界人士所欢迎，符合社会对于艺术之进化。家乡苏州的艺术照相却尚不完备，故特偕艺术照相技师

① 谢和耐.中国社会史[M].黄建华，黄迅余，译.南京：江苏人民出版社，2013:508.

专家来苏州主持一切摄影事务，设立光华照相馆，其设备及出品与光艺照相馆完全相同。

现代化浪潮席卷中国的时代，上海无疑处于激烈变动之中，但苏州并非一潭死水，城市生活中同样注入了较多现代科技因子。当时苏州虽有租界，规模与影响力却都极为有限。一八九五年，日本即强迫清政府在苏州开辟租界，并于一八九七年正式建立租界，地址自灯草桥至觅渡桥。

该区域地处苏州城南，紧靠南北大动脉京杭大运河，本有着发展为繁盛之区的潜力。但一九〇七年邻近苏州市北的沪宁铁路通车，大量货物、旅客改由铁路运输，导致苏城贸易重心远离城南，租界经济由此遭受严重打击，直到一九二六年日资苏州瑞丰丝厂建成后，租界经济状况才稍有起色。可好景不长，自一九二七年起，中日民族矛盾逐渐上升，多数内地日租界开始陆续撤侨，苏州日租界亦进入穷途末路。一九三二年时，租界主要工厂已相继停业。至一九三四年，租界内日本侨民仅余数十人。

从上述研究可见，苏州日租界自始至终都未发展起来，更谈不上对该地社会经济产生过多大影响，故而苏州接纳现代文明的方式应当是经由上海间接输入的成分居多。正如罗威廉对于上海报纸的考察：《申报》关于地方社会活动与策略的讨论，时常被遥远的地方所学习和仿效，从而使它在那些地方成为先驱[①]。而在苏州，也可以看到《申报》与《点石斋画报》等上海报纸。

苏州这一传统工商业中心工商业氛围较浓，人们的思想受儒家道德束缚较轻，普遍存在着樊树志所述之尚奢风气：明中叶以降，江南经济进入高度成长时期，工商业蓬勃发展，多层次市场形成。……大量的商品与资金在这里集聚，造就了工商各业及服务行业的普遍繁荣，直到近代上海兴起以后，它的地位才被上海所取代。苏州的繁华带来了奢侈风尚，逐渐弥漫于邻近的各府、各县、各市镇[②]。地域上又邻近中国最早开埠的城市上海，当时的上海是一个感受着现代技术飞速发展的城市，自来水、煤气、电、电话、电车、汽车、空调——西方所发明的一切出现在上海。在内外两个方面作用下，苏州接受外洋新

① 罗威廉.汉口：一个中国城市的冲突和社区(1796—1895)[M].鲁西奇，罗杜芳，译.北京：中国人民大学出版社，2008:32.

② 樊树志.江南市镇的民间信仰与奢侈风尚[J].复旦学报(社会科学版)，2004(5)：107-116.

事物的程度虽逊于上海，但应是较为深刻的，正如王国斌所述：一旦工业资本主义为经济成长创造出新的可能性，中国和其他非欧洲地区的经济变化的潜在轨迹，就摆脱了古典经济学家所面临的各种局限。然而，欧洲之外各地实际的经济发展道路，仍然千差百异并且不确定，同时还保留着一些与21世纪以前的经济变化轨迹的关系[①]。在当时的苏州，电的引入是多元的，既有彰显社会地位与身分认同的电灯、电扇，又有新科技光环照耀下的电气医疗设施，这些电的衍生物，由逐利的商家带入苏州，被具备不同消费需求的市民接受。

① 王国斌.转变的中国——历史变迁与欧洲经验的局限[M].李伯重，连玲玲，译.南京:江苏人民出版社,2010:74.

第二节　社会生活用电

随着电力应用范围的逐步拓宽及报纸等传媒对于电的大力宣传，民众在社会生活中可以越来越多地感受与接触到电。

一、私人空间用电

居民家中逐渐开始装设电灯照明，因为电灯质量问题有时与卖方发生激烈冲突。如《苏州明报》一九二六年七月四日载文所述，前日有一口操北音之某甲，向司前街吉利桥旁某杂货店购电灯泡一个返家装接，竟不发光。某甲即至该店调换，店伙细视良久，并无损坏，继又在店内电灯上装接，果不发光。店伙语甲云：是否另购？如欲调换，本店无此例规。甲谓：经尔审视良久，并无损坏，可见不发光系灯头有毛病，非买回后损坏可知，如不调换，尔店尽可以无用之灯头欺蒙主顾矣。店伙一味恃蛮，因之口角纷争。

民国时期，大多数中国城市中电灯的使用远未普及，贫民是无法享受到电光所带来便利的。以上海和北京为例：上海贫民区的景象更接近于乡村，甚至更为原始，大部分居民无法享用那些近代城市所提供的电和自来水等基础性便利设施，他们依然从附近的小河或井里取水，依旧使用煤油灯；北京的情形也大抵相似，煤油是贫穷人家主要的照明来源，仅有三分之一收入较佳的家庭能够使用电力。上海、北京尚且如此，苏州的电灯自然亦不会惠及贫民区，根据《华中水电公司时代工作概况》档案材料统计出的表3-2-1之数据可知，自一九四二年至一九四五年的四年间，苏州电灯用户总数在两万户上下徘徊。

表3-2-1　档案材料统计自一九四二年至一九四五年的苏州电灯用户总数

年　份	月	电灯户数	电力户数
1931	5	19 854	908
1931	12	20 527	891
1932	5	21 726	900
1932	12	22 913	912
1933	5	23 015	922
1933	12	23 206	935
1934	5	23 067	938
1934	8	18 783	117

据有关学者统计，一九四一年时，苏州的总户数为七万四千七百三十四户，仅有三分之一不到的居户能够在黑夜拥有电光。

举办婚庆及丧葬等仪式时，电灯被引入私宅，以示隆重。国民政府外交部交际科长陆嘉双之次女结婚时，就安装了电灯匾额。当日，陆嘉双为筹备婚礼事务，特于数日前向外交部告假一星期来苏部署，其天官坊之私宅大加布置，天官坊及大门口均以鲜花缀成彩牌楼，顶嵌喜事之电灯匾额一方。商会职员王杏春病故举行葬礼时，也在灵堂装设电灯。商会为此致函苏州电气厂经理丁春之：敝会文牍员王君杏春前日病故，现于灵堂须装临时电灯五盏，约用五十天拆卸，只须普通灯，即希饬匠迅至王天井巷六十七号门牌王宅内装线接火，此项电费等，俟拆卸时由弟等面结可也。婚丧庆典中电灯的使用，有着营造气氛与方便照明的双重功用。

电铃、留声机和电风扇等电器，自二十世纪二十年代开始，随着商家的大力推广，已逐渐进入了私人空间。裕盛和酱园为联络方便，私自与同巷相距四十三公尺之新生印刷所装置叫人电铃一具，经察觉后，兹拟向该用户收取装费。

经验人士已开始谈及如何购买及使用留声机，称其素有话匣癖，恒幽居独室，动话匣之机，作无上之乐。盖话匣者，实饶有趣味之高尚娱乐品焉，目今业于此者，如春笋爆发、门庭若市，营业大都获利。但种类颇多，购者莫辩，欲求精值，似不可不审查。此处也可进一步看出留声机在苏州的流行。

亦有少年戏迷，因喜爱听戏，试图骗取留声机。少年莫季良，在阊门外呼唤公司购买留声机一架、唱片若干，共六十元，出观前义康庄一百元之庄票一纸，并命该店收到后付四十元。该店一面往该庄照票，一面派学徒将货物送至西百花巷以前邻居之某宅内。进门后，莫嘱学徒在外等候，本人携货进内，由后门而逸。时学徒亦起疑窦，乃入内询问，始悉前情，急赶追至巷口，始将莫扭住，扭至该店。

报纸上开始传播关于电风扇的常识。《苏州明报》一九二九年六月二十四日所刊登《购用电气风扇之常识》一文，首先介绍了电扇的工作原理为一小型电气马达，轴端装叶子，空气受激荡而流动，因以生凉，大者装于天花板上，小者置诸案头，为夏日驱热利器。

其次分别从电流、电压等入手，说明购用电扇的注意事项。这不仅可以视为对电扇购用的介绍，也可看做是对于电力基础知识的一次普及。文章称电流有直流、交流之别，直流电之马达不能用于交流电，反之亦然。

电压有一百一十伏特、二百二十伏特等数种，一百一十伏特之电扇不能用于二百二十伏特之电流，若误用之，电扇必致烧坏；反之，以二百二十伏特之电扇接一百一十伏特电流，则不能转动，因其力不足也。

最后，该文还提及了电线的短路问题。电扇用二三小时后马达即发热，应停止半小时，待其冷，若热过度，内中电线燃烧，全机损坏。其燃烧之理由，因电流通过电线生热为电之特性之一，时间久即热增，电流大则热愈烈。电线发热，其外层包裹之棉纱或丝或橡皮受炙，紫铜电线能受热至二三百度尚不融化，惟线纱等之纤维质内含水分，不能过华氏表百度。若过此限度水即蒸发、纤维焦枯，不能阻隔电流，于是发生短路，有极大电流通过，以致电线烧断。故电线内最高温度谨许至华氏九十五度，外面至八十度。

留声机、电扇是提高生活层次、讲求生活品位的电器，此类电器知识获得传播，首先说明了苏州民众对于该类电器具有一定消费能力，另外也可推测最基本的电器——电灯，应当为人所熟知。

二、公共领域用电

公共领域中，电器也频频出现。明星杨耐梅到苏州时，民兴大戏院特地为其盖了一所花牌楼，醒目的金字，满缀着电灯。

苏州八门之一平门举行落成、开门仪式，同样搭建了电灯牌楼四座。市政筹备处宣布竣工之际，举行落成典礼并行开门仪式。自北寺山门平门路口直至梅村桥，共搭电灯牌楼四座。第一座牌楼横幅“为民之牧”四字，两旁标系红布长联，词云“振市开旧门，任万千人车马往来，从此护龙能直达；耿城逢新岁，正三五夜灯华热闹，顿教气象观升平。”第二座牌楼有“民生有略”四字。第三座则为“自治起点”四字。第四座搭在梅村桥上缀以“锡类推仁”四字。沿途电杆木上贴“预祝城北商业发达”“革新苏州市政”等各种彩纸标语。

平门开门之后，平门城洞内并无电灯，且梅村桥上又无路灯，黑暗不明，或夜间有人入城门，长警盘查，黑暗不见，难以分辨良莠。警方即多次与筹备处及电厂方面沟通，要求添装电灯，多日仍未添装，惟城关出入责任重大，对于防务实不相宜，为特呈请函催筹备处及电灯厂，赶速派匠装置。

某官员生日之时，吴县总商会、银行公会、田业会分别承建并各自装置电灯牌楼一座，共计三座，费用均归自理，并确定总商会在察院场搭牌楼一座，牌楼添装之电灯由苏州电气厂派员前往装设。

举办庆祝某筹备会议时，甚至因为所需电灯费用较贵，将场地由公共体育场改为公园。

出于安全考量，警察厅责令雍业公所在城内厕所装就电灯。警方提出城内厕所林立，有碍卫生固不待言，每至晚间无灯火就特别危险，且值冬防吃紧，最易藏匿宵小，警察厅业经令饬雍业公所须一律加装电灯，以免危险，而重治安，一面令饬各区调查境内厕所，开表呈报，以资发放。

不知缘于何种阻力此次装灯未获成功，两年之后市政府再次要求各公共厕所从速安装电灯。当时据称：窃本市各厕所向无灯火设置，致有藏匿宵小及其他意外事故发生，关系生命治安实非浅鲜；为暂弥目前危险起见，惟有令饬雍业公所从速将各厕所一律装置电灯，俾入夜通明，不致藏匿宵小，发生意外。

天气干旱，城中散落的农业用地需要使用马达戽水时，电灯则被用来防止夜间偷盗行为的出现。防旱委员会苏州灌溉组因南园田亩戽水马达前荷接火，业已行用，兹为便于夜间看守起见，拟请苏州电气厂再行添装电灯两盏。

霓虹灯和日光灯等新式灯具，也在二十世纪四十年代进入了苏州。苏州电气公司制定了《用户装置日光灯或霓虹灯暂行办法》，详细规定了日光灯及霓虹灯的装用与收费办法。

该办法规定：首先，用户拟装日光灯或霓虹灯或两种同时装用者，不论容量大小均应于事前委托承装电料店到电厂代办申请登记手续，经电厂审核认可后方能进行装置，同时应自备适合用量之电表，按照电厂接电办法申请分接电源，以便另行计算电费。

其次，当装灯容量大于普通电灯，自愿按照电厂另订之电价付费者，得申请将原装电表改接，变更计费。其容量小于普通电灯而不便分表或改表者，得申请暂照该户所装设备数量，在原装电灯表之实用电度外每月另行推认额外电度。装置日光灯之用户，如能在每一灯管上附装储电器，经检验合格者得免缴额外电费，惟不得中途拆除此储电器之设备。

最后，婚丧喜庆或商店大减价临时装用日光灯或霓虹灯者，应于五日前委托承装电料店代向本厂申报，经审核认可后方得接入原装电灯表内使用。

霓虹灯和日光灯在公共空间中，不仅限于照明之用，主要起着引人注目、推进业务的功能。一九四七年，由于火车站往来旅客众多，吴县电信局于火车站设置电亭一座，该电亭成为各方观瞻所系。为引人注目、推进业务起见，拟仿照车站其他部分，就电亭正面加装“霓虹管”“电报”“电话”等字。

一年之后，电亭霓虹灯管及方棚不慎损坏，电信局即呈报需更换修理，并经招商对比，将项目交报价最为低廉的中山电器行动工修理，以使早日恢复光明，而免蒙受物价动荡影响，并迅速获得该局购料审核委员会批准。

公园电影院中，装置电扇与招待周到、机新片佳、座位舒适、新屋落成等一道成为该电影院大规模而有秩序、设备齐全的象征。

电筒还被用于维护社会秩序。苏州郊区的陆墓、车坊各乡镇商团警察为便于深夜时出巡计，均派员携款到城中，向电器商行购办大号手携电筒，而此项电筒光线可射达一千二百步，以便发给各警，专于出巡时备用。

公园这一民众日常休憩的公共空间中，电筒居然成为不良分子调戏妇女的工具。炎炎长暑，公园为纳凉游憩之所，不良分子不顾人格、甘自堕落，竟在公园之中滥射电筒、调笑妇女。公园管理处注意及此，特发布公告：查公园为公众游憩之所，来园者自应严守秩序、恪遵规则，须知顾重公德，即所以自维人格；近来天气炎热，游人渐多，颇有不自检束逾越规范，甚或怪声叫喊、滥射电筒；本处为维护公众安宁起见，不得不郑重劝告，本各自爱。公共场合调笑妇女应当不是自此处始，不良分子能够将电筒作此用处，亦能看出新式电器在引导社会风气中的负面性。

电力设备还成为审讯犯人的刑具。吴县公安局长郑诚元被舆论塑造成了改善司法、废除酷刑、重视人道的开明官员，案犯则颇多狡侩、不肯吐实。为了避免非人道审讯，该局长特托人向上海工部局转购电机一座，之后遇到审讯盗犯不肯实供的情况，即可施用该电机进行审讯。电机审讯过程中，机通电流，将犯人之手置于案面，机扭一旋，流电骤至，于全身之血液交流，数分钟后将电门关闭，案犯受此刺激后，自然将实情吐供。舆论鼓吹此种刑法被认为是世界最文明之刑法，亦为苏州司法界上开创了新纪录。

此位郑局长甚至发明了类似于警用电棍的电刀作为缉凶武器，但舆论对于此物解读并不准确，将其解释为含有药毒，称此电刀为杀人之利器，见血即死：电刀以科学方法收蓄电力，一遇匪敌肉搏时，若将该刀中伤敌人，不论是否要害之处，刀上所含有电力药毒即传布于血管之中，至数秒内即布达至脑，脑海中之血管立即爆裂而死。

电被不断开发应用于新领域，舆论主导者对于电的特性并未知之周详。如电机审讯被认为是“文明之刑法”，“电刀”可以伤人是因为含有“电力药毒”，随之而来的错误舆论导向易使民众对于电在新领域的利用产生错误认知。

与私人空间相比，电在公共领域中，常常发挥积极作用：除方便照明与营造气氛之外，还有着扩大宣传、维护治安、彰显教化等社会效用。

三、电力认知的转变

随着电器越来越多地运用于社会生活，给予了电这一无形事物以一定的物化形态，人们对于这种物化后的电，产生了一定的认知。人造电力尚未被人熟悉时，苏州民众对于电的印象源自自然界的雷电，最直观的感受就是其速度飞快。

如小说《苏州繁华梦》中所述：那些车子非但跑得似行云一般，而且一部接一部竟不断链，在那鸭蛋桥一圈，往过来续川流不息，眼帘里好像电光一闪，一辆马车过去了。

又如小说《新苏州初编》中所言，鸭蛋桥附近有一位翩翩的美貌少年，坐了一部自由车，如风驰电掣般跑来。

电逐渐为民众知晓后，被赋予了各种情感。守旧人士思想较为封闭，对于电这一新事物抵触与惧怕。

地主丁再韩很怕电灯，非但家中不装电灯，晚上外出，凡通有电线的街道都要绕道而行。

学生等新派人物对电则表现出欢迎的姿态，电能够较好地融入其生活与娱乐之中。苏城之某校，素以文学著名，于某日为该校高才生丁君之婚期，同学临门，三五成群。吉时后，丁君以答诸同学之雅谊期间，特邀苏城极有名气之舞星当众表演，电灯之下，明眸流盼，歌声清越，临座众客弥不倾心。

电可以营造青年男女爱情事件中的浪漫气氛。某些场合，也被用来渲染忧伤的情绪。不同光度的电灯能够表达不同的情绪，瓦度较高的明亮灯光被称之为“电炬”，迎合了积极的心态与感受；度数较低、昏暗的电光，如“电灯火来邪邪气”，则与忧伤的氛围相吻合。

转型期中的中国，新兴事物还时常与民族主义相互关联。

柯必德研究苏州修筑的第一条现代化马路时，就认为这条马路之所以是中国的，是因为它具有明显的民族主义目的。电亦是如此。清末小说将苏州没有电灯刻画成中国故步自封、积贫积弱的象征。

当电网被租界用作防范溃兵及乞丐时，国人又发声反击，要求民族独立与自决。报刊曾评论：电网是战争时代布防的东西，前几次江浙战事时，上海各租界纷纷布置电网，以阻溃军。天津日租界却在和平时期在各路口设置电网，布设电网既为阻乞丐进入，乞丐身上固然是不洁的，而吾贵中国是素蒙他们誉为病夫国的，那么他们何不索性全体退出中国国境，以免与病夫接触?!

近代苏州社会对于电的理解发生了较大变化，从直观印象的速度之快，转变为情感的抒发与氛围的渲染，直至民族主义与爱国情绪的表达，故而电不仅是苏州现代化的新风貌，还是近代城市社会文化变迁的重要载体。

第三节　政府公务用电

近代苏州地方政府各部门办事机构中，各种电器亦扮演了不同角色。

一、基本电器：电灯与电表

吴县邮政局办公室系借用前四明银行旧址，其中电灯亦多系该行旧装现成者，但原装者均系白壳吊灯，悬挂高，又未尽适宜，必须配用极高度电灯泡方能照耀光明。故将该局封发、挂号、快递、汇兑各组原装必须燃用之电灯共八只，雇工各就适当之地予以改装，并放长线使其下垂，使与办公处较近，如是配用灯泡度数可以减低，耗用电量当可因之节省。

节电观念虽已产生，但职员似乎未能养成节电的习惯。该局曾声称其办公室向有将电灯于白昼开启使用后，听其白日燃点并不随时开闭，或于非必需时亦往往将其开用虚耗电流，殊非爱惜物力之道。嗣后对于白日使用电灯除确系阴雨晦暗之日外，务应力求节省，免予开启，否则亦应于不需用时随时开闭，不得听其终日长燃，虚耗物力。

上述之邮局职员未对随时开闭电灯引起高度重视，未将电灯当成金贵之物加以珍惜。对此种做法，管理者也仅仅认为是非爱惜物力之道，当作普通工作失误进行处理。这说明电灯费的支付当非重大办公开支，在当时的政府部门中，电灯已是常用办公设备了。参见表3-3-1所列苏州电信局部分电费使用状况。

表3-3-1　一九四六年苏州电信局部分电费使用状况

户名	地址	月份	实用电度	照章金额（元）	折减后之金额（元）	备注
交通部苏州电信局	闾邱坊	二	994	27 194 400	17 454 400	电灯
又	又	三	660	19 560 000	13 160 000	又
观前营业处	观前	二	12	171 200	171 200	又
又	又	三	2	32 000	32 000	又
阊门营业处	阊门外	二	2	27 200	27 200	又
又	又	三	1	16 000	16 000	又
朱长巷宿舍	朱长巷	二	70	1 692 000	1 192 000	又
又	又	三	55	1 410 000	1 060 000	又
调豊巷宿舍	调豊巷	二	8	108 800	108 800	又
又	又	三	10	160 000	160 000	又
悬桥巷宿舍	悬桥巷	二	31	615 600	505 600	又
交通部苏州电信局	闾邱坊	二	1 206	44 622 000	33 466 500	电力
又	又	三	682	33 111 100	24 833 325	又

苏州电信局位于闾邱坊的总局，观前街与阊门设置的分支营业处，朱长巷、调豊巷、悬桥巷的三处职工宿舍，都装置了电灯。

一旦电厂停止供电，政府办事机构如角直三等邮局就不得不寻找替代方法。因角直电灯厂柴油燃尽不能继续供给，无法以电流供给邮局所装置之电灯，其他照明工具始终无法与电灯相媲美，蜡烛存在着光线不足问题，并且偶有不慎易导致火灾，故为慎重起见，角直三等邮局只能勉强以火油灯照明办公。

警局方面电灯应用亦颇为普遍，各分局、派出所等基层派驻机构都已装用电灯。根据统计数据可知，一九三六年时警局下属各机构共装有电灯一千零九十一盏，这只是警局及下属办事机关所使用的电灯数目。而一九三一年时，整个苏州城乡的电力表灯马达用户仅有一万四千户。一九三六年，苏州城内电力路灯总数也只有三千六百二十二盏。据此可推测，政府机关使用电灯总数应当占据苏州电灯使用总量的相当比例。这说明能够享受到电光便利的社会人群，除中上层民众及部分商户之外，包括了政府机关工作人员。电灯在政府机构中的广泛使用，彰显身份与层次的作用不多，更多还是其实用功能的体现。政府单位装设电灯，有时则需电厂予以补助。如警局所装电灯灯线霉烂应重新改装时，嘱电厂饬匠先行前往分别改装，待改装竣工后，该费由政府担认五分之四，其余五分之一需电厂补助。

军队时有拖欠电费的情况发生。一九二七年十二月二十九日，苏州商会函请地方当局出面协调军队积欠电厂电费问题。苏州地方当局称对于军队供应早经奉令停止，惟电厂成本攸关，军队装设电灯应由电厂申请，电厂则按规定向该部队取费。

随着电灯装设的增多，为了方便计算电费，政府机关还采取租用或借用的方式使用电表。吴县邮政局即向电厂租赁电表使用。一九三八年时，由于该局地址系前之四明银行，原虽装有电灯，但颇有损坏，且因积欠电费关系，当地电气厂已停止供电。该局需用电力，向此间电气厂另行租用电表一只，计二十元。

而从一九三六年的一张借据中可以看出，掌握治安权的吴县公安局则向电厂大量借用电表。借据称：兹借到苏州电气厂有限公司为吴县公安局暨所属各分局、所、组、队装用电表共六十只，嗣后如有损坏烧毁应照市价赔偿。

作为商会外围组织之一的苏州商团，主要职责是维护社会治安。该组织虽非政府机构，但一九三〇年其成立自卫队时，亦向电厂商借电表。商团称每月电灯电费所用无几，历由商会一并计算。现因自卫队成立，队部附设团本部，内需用电费较前略多，自应另装一表以清接线，此后每月所用电费请向商团直接收取，惟所需电表一具，因经济关系暂时拟向电厂借用。

两年之后，再次向电厂告借所需添装的新电表。商团称因时局严重，防务吃紧，为集中实力计，编组商团游巡队四支，分驻城厢内外，以资策应。其第二队业于八日先行成立，驻扎城中塔儿巷宝积寺内，所需电灯向该寺借用，为划分燃费起见，特向电厂商借电表一具。

从商团反复商借电表这一情形推敲，此种借用电表的方式应当具有一定强制色彩，这也说明了电表与电灯相比，电表应是较为昂贵之物，却也是办公的必备装置之一。

二、电力奢侈品：电扇与电炉

电扇在政府机构中有所应用，但不及电灯广泛。一九二七年，第十七军军部即向吴县王县长借电风扇数具，该县长深夜向各电料店告借，但时值秋令，存店电风扇早于夏间销售一空。

一九三七年五月，吴县邮政局购买电扇八具消暑，所呈购置电扇八具共需费二百零五元。这八台电扇仅供吴县一等邮局局长室与七个支局长室使用。一支局长卫德森、二支局长浦衡、三支局长薛炳和、四支局长康文萼、五支局长田霈霖、六支局长程师孟、七支局长孙庆三等七人，致函上级吴县一等邮局局长，称一等邮局局长垂念支局员工健康，体恤至感戴盛德，非言可喻，但装置电扇后每月原支电费势难应付。

各支局长指出支局中之办公钟点多至十四小时以上，少至有十小时，预计最省每日平均使用电扇六小时，以每小时用电一度十分之一计费二分，则每日因使用电扇增加之电费计国币一角二分一月，共需三元六角。现虽以夏季日长夜短，局内电灯所需之电费较少，但省则一月三元不可为此，故请求上级在夏季使用电扇之七、八、九三个月期内，准予在原支电费外一律加给每局每月额外电费三元，俾资应付。

一等邮局局长表态同意拨款，称各支局电灯费向系由该局照规定数目按月发给，暑天因使用电扇增用电流所请加给额外电费俾资应付，尚具有一定理由。但经调查认为电流每度可燃点电灯八百瓦特，台扇开动一小时相等燃点电灯五十瓦特，是每一度电流约可开动台扇十三小时。依此推算，各支局台扇每日以平均可开动六小时计约需电费七分，每月仅约共二元一角外，其间再除星期内天雨气候凉爽日尚可稍资节省，现拟自本年七月一日起，每年在七、八、九三个月暑季使用电扇期发给各支局每局电扇电费六元（即每支局每月二元），七个支局应共四十二元，对于各支局长的要求仅予以部分满足。

不知缘于何种变故，吴县一等邮局局长称为核准各支局暑期使用电扇电费，准自本年七月一日起发给吴县七处支局每局电扇费每月一元，以三个月为限。

吴县电信局的职员宿舍中，由于员工在宿舍内使用电炉，电力负荷过量，烧断保险丝，使得清晨及晚上电灯时常损坏，为此该局要求嗣后宿舍内绝对禁止使用电炉，如再有发现即予报告局长议处。电灯在职员宿舍是被允许使用的常用电器，当电灯与电炉为争夺电力资源发生冲突时，电炉被严格取缔，说明电炉在政府机构中的使用也应较为稀少。

综上所述，电灯在近代苏州的政府部门中较为多见，属于办公常用设备，电表亦属常用设备，电扇、电炉则是办公奢侈品的代表。

本章小结

王笛在对成都的研究中，将茶馆作为成都地方文化对抗国家权力的守护者，认为在城市的改良和现代化过程中有两条线并进：一是国家角色加强的同时，现代化持续消弭地方文化的特点，导致地方文化独特性的削弱；二是在此过程中，以茶馆为代表的地方文化既显示了其坚韧性亦展现了其灵活性，以对抗国家权力和现代化所推行的国家文化同一模式[①]。

苏州的情况显然与成都有所不同，通过考察苏州的商业、民生、公务用电可以发现，地方文化与国家权力似乎在此处契合。出现这种区别，固然因电与茶馆是城市现代化进程中的不同面向，茶馆是守旧文化的象征，电则为新生事物的代表，但这并不影响研究者从不同的角度观察一个城市的现代化特性。在守旧文化中发现开放的一面，或于新生事物的使用中察觉抵触情绪，都可说明问题。之所以选择电作为研究切口考察城市的现代化转型，主要是因电与其他转型期中的新事物存在着一定区别，至少在十九世纪下半叶直至今日的现代化进程中，电能够满足不同时代的需求而不被淘汰，成为社会进步的基石。

近代以来，包括苏州在内的诸多传统工商业城市都曾出现不同程度的衰弱。但通过本章的研究可以发现，该地社会经济转型虽遭受西方冲击，其自身转变态度却是较为积极主动的，考察苏州的历史发展脉络，即可探寻出产生此种转变态度的原因。传统时代，苏州是中国的经济文化中心之一，其经济文化优势自上海开埠之后受到了严重削弱，这种地位的变化使其内部产生出一种“文化地域主义”思想。此种“文化地域主义”类似于费正清所说的因“自身

① 王笛.茶馆：成都的公共生活和微观世界1900—1950[M].北京：社会科学出版社，2010:12.

文化或文化素养的世代相传的自豪感”而激起的“文化民族主义”[①]，成为近代苏州社会经济发展的内生动力之一。

① 费正清.美国与中国[M].张理京,译.北京:世界知识出版社,2002:95.

第四章　生产用电

工业化是现代化的重要组成部分。罗荣渠认为现代化以工业化作为推动力，现代化作为一个世界性的历史过程，是指人类社会从工业革命以来所经历的一场急剧变革，这一变革以工业化为推动力，导致传统的农业社会向现代工业社会的全球性的大转变过程，它使工业主义渗透到经济、政治、文化、思想各个领域，引起深刻的变化。①何传启直接将工业化等同于现代化，视工业化的过程包括机械化、电气化、标准化和自动化几个阶段。②

自十九世纪下半叶至二十世纪，电气化成为工业化的前进方向，电力供应影响甚巨，甚至到了无论何时，断不能有一日之休息之地步。民国时期，停电可使工人骤失生活来源，亦有可能因生活不幸引发罢工事件。近代苏州的生产领域以电气化作为自身发展趋势，各工厂均为潮流所趋早早预备好电力生产设备，期待日间用电的开放。电力事业发展水

① 罗荣渠.现代化新论:世界与中国的现代化进程[M]. 北京:北京大学出版社,1993:16-17.

② 何传启.东方复兴:现代化的第三条道路[M].北京:商务印书馆,2003:122.

平与工业成本、民生水准有着直接联系,苏州由此步入电气化生产时代。

推广电力生产机械,在当时的苏州被认为必定会产生无数新的工厂,前途发展自不独苏州人受益,而苏州人之受益尤厚。本章试图简略考证电在近代苏州生产领域中的应用,并借此对近代苏州的工业电气化进程做一探究。

第一节　基于用电方之考察：电力马达与发电引擎

一、电力马达与生产用电概况

近代以来，电被引入了纺织、丝织、印刷等传统时代的苏州手工业中，帮助完成由手工业到机器工业的生产方式转变，延续了产业生命力。纺织业中，使用了新式电织机器。美纶织物厂广告中介绍，该厂开办十年以来，专营各种应时衣边、栏杆带条、丝带、丝绳、裤带、大小花色鱼鳞丝边、毛袜、四季针织物品，出货精良，营业发达，信用卓著，有口皆碑。为推广营业、挽回利权、应社会之需要、启国民之精神起见，教聘专门技师，不惜重资新从外洋购办最新电织衣边机器，每天出品二千一百六十码；又新式电织橡皮宽紧带机器，每天出品一千八百码。全副机械均由德国运来，每天出品三百余打，造法精奇，货品齐整。以上各种出品均系中国首创，价格公道，比之外货实有过之。

丝织业中，电机葛纱被大量生产销售。大经绸缎局广告中称：三月二十三日起展期大竞卖一月，真顶衣杭纺每两九角整，电机毛葛每尺六角五分，正号加重丝葛每尺六角，电机葛每尺七角八分起，华丝线葛每尺三角二分，真华丝葛每尺四角六分，电机纱每尺九角五分起，廉价厂缎照原价六折划码，其余花色繁多，不及备载。如购五元以上，赠送上等男女新样精细折扇一把，各界惠顾。

又如天祥绸缎洋货局销售的产品有顾绣绸缎、呢绒哔叽、电机华丝、洋货布匹；乾泰祥绸缎局则出售呢绒哔吱、时样顾绣、京杭绸缎、电机华丝。

印刷出版业中，苏州五彩印务公司由外洋购办新式五彩石印机器，用电力发动，特聘优等技师专印五彩月份牌、钱票、商标、礼券、股票、文凭、墙贴、广告，以及中西铅字书籍、报章、传单、婚丧喜帖，并代制锌版、铜版，代书精细美术图案广告、各式商标，出品精良，幽雅悦目，交货迅速。

电镀铜板刻印图画的技术也被应用于印刷业之中。一九〇六年出版的小说《苏州新年》中称：可惜那时没有照相并那电镀铜板法子，不然把那奇形怪状照了下来，做了铜板，印在书上，给后世人看看，也可以警戒警戒。

新兴行业中，同样可寻找到电的身影。车行将新式电灯装置于同属新事物的脚踏车，兜售叫卖。观西察院场华昌车行号称精造特别时式包车，修理油漆，并售各种脚踏车，经理各国名厂橡皮里外胎，并特向欧美各国搜罗各种喇叭、踏铃、手扳铃、电石灯、干电灯。

玻璃业中，丰泰五金玻璃号专营欧美各国五金玻璃，自称交易诚实，众口赞许，该号的营业要目包括：中外画片至各货，如白片、银光、洋光、冰梅等玻璃，铰链、窗勾、洋锁、砂皮等五金，山水、人物、电刻、泥金等镜架，油画、风景、时装、漆画等画片。其中“电刻镜架”这一业务，显然是电力应用的体现。

电已逐渐开始出现于近代苏州的生产领域之中。电气化生产是以内燃机和电动机带动的，与电灯用电相比，生产用电的能量转换过程更为复杂。首先，需用俗称“发电引擎”的内燃机带动发电机，将其他形式能量转化为电能。如前述正义电厂就拥有二十四匹引擎一座。

电厂所用“发电引擎”种类多为蒸汽锅炉，苏州电气厂就应用斯可达新式锅炉燃煤产生热能，驱使汽轮发电机发电。

当电传输至生产厂家之后，用电方还需将电能转化为生产所需的机械能，该项能量转换是借由“电力马达”实现的，电力马达是变电能为机械能之机器，电流传送至马达时，绕于马达中之电枢，并产生磁场，该磁场与静止磁场共同作用形成扭力，引起马达之轴转动，并带动子机进行生产。

此项马达亦由电厂提供。用户用马达须向电厂租用或买用，声明用途，填写定单，经电厂调查认可后缴清费用方能照装。同时，凡装置马达，室内线路电表等须由电厂方面专门派员安装，并且不得私自移动，须依电厂指导用户操作或委托专门机构代办。

马达设置完毕之后，电这种新能源即成为推动苏地生产发展之原动力。电费过高也由此成为苏地实业不振的重要缘由，既妨碍各项工业之发展，又影响着电厂业务的进步。在了解了生产用电的能量转换原理之后，本节拟以该转换过程中电能转化为机械能的转换节点——“电力马达及其子机”作为切入点，希冀能够较为完整地还原电在近代苏州生产领域中的使用概况。

一九二一年时，苏州的传统支柱性行业丝织业即试装电力马达，苏经绸厂首先开始试装“电力机”一台，从此丝绸生产步入一个新的台阶。并于一九二六年仿照杭州、上海地区电力织绸办法，创设电力织绸机。

同年九月，苏州振亚丝织公司开始招用电机织工，要求织工进入公司时须先试织样货以资考验，如能合格即予收用，以后随将所织尺寸计数至给付工资之日核明发给。但设有织坏货品损毁机械等，除随时辞退外，不论试织样货已经收用，均需计算损失在保证金内照扣，多则给还，不足追缴，如本人无力时，由保证人赔缴。

两年之后，公司又尝试招收电机学徒，规定学徒须年在十六岁以上、身体健全并无嗜好者为合格。愿入该公司学习电织者，需邀同殷实商号保证人随带店号图章，填具保证书、志愿书，手续完备后方可进厂。进公司后需加意用心学习，如技艺渐进，随时派机令其练习，倘工作勤勉、技艺日进，经技师或管理员审查制品合格，即作为学成。学徒入公司学习后倘漫不经心、进步迟钝，得随时令其退学。倘损毁机件织品等情，不论在学习期间或已学成后均须计值赔偿，如本人无力，由保证人赔缴。学徒学成之后，如未满服务年限或未织满半工义务货时，不论有病及其他事故均不得中途告退，若不遵守而私自他往者，需缴纳二百元以下之违约金，如本人无力时，由保证人赔缴。

至一九二三年十月份，公司已拥有二十三匹电力马达九只，每日电费十元许，日本产津田式铁木合制电力织绸机三十台。丝织业所在同业公会铁机丝织公会亦于同期拟订了《电织科织工章程草案》，规定电机织工资格需曾在各厂毕业，或确有电织程度、身体健全并无嗜好者为合格，织工进厂后先试织样货，如能合格即予取用，以后随将所织尺寸计数，给付工资之日核明发给。如设有织坏货、损毁机械情事，除随时辞退外，并需计算损失在保证金内照扣，多则发还，不足追缴，本人无力时由保证人赔缴。

一九二七年的一次供电事故，让苏州丝织业各马达用户无端遭受损失。十一月七日上午，因苏州电气厂更换电压，激增之电流导致丝织同业机料损坏无数，并因此停产，直至翌日中午始告恢复正常供电，各丝织厂为此纷纷要求赔偿损失，并告诫电厂切勿轻率从事，致妨生产。商会经调查，裁定更换电流为电厂固有之权限，但速率是否适宜应先经过检验，应与用电方接洽，以免马达用户无从准备。

一九二九年，因苏州丝织业销路大滞、亏蚀过甚，业界喊出了“救济丝绸、挽回利权”的口号，进而大量改用电力机，同年，苏州丝织业各厂已拥有电力织机八百台。

四年之后，郑辟疆创立江苏省立女子蚕业学校，在平望镇设立平望制丝所，除向电厂请求开放该所电灯电力之外，还要求供给马达电力。

至一九三七年，苏州电力织机总数发展至两千台，每年丝绸总产量约为三十六万匹。见表4–1–1。

表4–1–1　江苏省商会联合会颁布的《推进绸业方案》中的记载

地名	机张数	生产额（万匹）	销路	现在机张数	近来改良状况		
					丝绸厂	电力机	改良机
苏州	15 000	36	国内外均销	700	50	2 000	200
吴江	20 000	120	国内外均销	8 000	10	500	1 000

抗战时期，日寇设立了丝绸业务管理机构华中蚕丝公司，对丝织业既克扣生产原料又限制用电额度，使苏州丝织业产量锐减，特别对一些规模较大的绸厂限制更甚。当时丝织业户数增加到一百五十多户，电力织机数目却从抗战前的两千台减至一千四百台，实际开动的还远远不到此数，有的被迫停工，有的分散为很多小厂，每家厂仅有几台到十几台电力机。如一九四三年时，苏州怡盛永绸厂就仅拥有电力机四架。当时，该厂由李详记订定租约，机额为五架，

兹已期满。故另觅平门路口九曲湾三号内沈君处电力机四架，自七月二十日起迁移新厂，更正资本，七月份起变为十五万元。

之后，各丝织厂力图复业，但电力缺乏仍是一大难题。国民政府无暇恢复供电。各厂只好自备引擎，七家厂因此开动了七十五台电力机，之后其他一些厂又与电厂协商，通过以煤易电的方式恢复了生产。一九四六年时，苏州丝织业三百多家使用电力马达的工厂之中，正常生产者仅三十七家，工人无从工作，失业者有二千几百名。

报业中，苏州明报社于一九二九年装配了电力马达。复版伊始，销数激增，声价益长，良堪自慰。原以字模初购，新字尚未铸齐，而添办之新式印机正在装配电机马达，是故连日印刷方面颇欠完善，为此赶紧改良，约需旬日左右即可整顿一新。

造纸业中，华盛纸厂使用电力进行生产。苏州电气厂派工作人员赴枫桥华盛纸厂检查变压器及附属机件。变压器内盛油稍缺，油面与铁盖平齐，原有接线铜梗等均在，随时可接用。

大同仁记造纸厂同样用马达电力造纸。苏州大同仁记造纸厂曾致函苏州电气厂要求重新接通马达电源，以便即日复工。该厂称其素以发扬国产造纸、推进文化为本旨，鉴于国内纸类来源其缺，国家正亟为提倡生产、以裕民生，而纸类为文化新闻界急需，关系甚为重大，均即予择日开工，前已整理就绪。一俟接通马达电源即可开工生产，请苏州电气公司重新接通马达电源。

经营火柴业之鸿生火柴厂亦于一九三五年签定了《电气设备暂行管理办法》。该厂对于电力马达的性能了解较为深入，维护方面的职责也规定得甚为明确。办法规定电气线路、电气开关器、保险器以及灯头等一切电气设备须时常检查有无松动脱落或互相接触等情形，如发现后应立即修理，以防意外。

电气马达须按时除尘、加换润油。其中钢柱轴领马达每届年终停工期内换用新油一次，换油时须将外壳拆开，用清洁火油（汽油更佳）洗净内部后方可加入新油妥为装置，防尘埃侵入。油领轴承马达平日须时常留意加添润油，更须注意油领是否在循环转动，如有不妥情形须立即设法修理，逐日加添润油于轴承内，并在每半个月至一个月之间除去底油，另换新油。

一切马达每月至少须揩除内部尘埃一次，视装置地点酌量增减，并由专人负责电力马达之开闭。其中十匹以上及滑环式之马达必须由工程师司开关之职；十匹以下及非滑环式之马达或向来不用电匠之厂，则可由厂方指定具有相当知识之工人管理。

电力马达还被应用于面粉业、布业生产之中。吴县布厂业、面粉业等公会曾专门致函经济部，提出苏地电气厂已开放日电，各工厂得以恢复营业，维持工人生活，但各工厂以电力价格过昂，攸关成本，难与邻县竞争，似应迅予设法调整减低，扶植生产。准予调整本县电气厂马达电度用费价格，减轻各工厂成本，借资挽救。

米业经营中，电力马达也获得了广泛使用。二十世纪二十年代，苏州城区米业各店已开始装置电力马达。米业同业公会称自苏州电气厂于一九二六年夏放送日电以来，同业称赞便利，纷纷装置马达，出货迅速，虽负担较重，利害尚足相抵，历来并无异言。

电力供应一旦出现问题，则不仅使米业装用马达各户大受损失，也严重威胁着粮食的日常供给。一九二七年，苏州电气厂停电引发米业众商户不满，认为登报与停电两事同时并举，事前并无一纸通告，事后亦无确切重新放送办法，使该业装用马达各户大受损失；然此尚表面之谈，该业工人为数颇多，停送日电耗费工作、殊多危险，因减工而涉及全业，其装置马达各店何以对该业；况冬春两季正各店急用之时，行业遭此停顿，出货少，以致市面需要供不应求。

电价关系米业至巨。一九二九年时，五丰瑞谷堂就因电度包月问题，指责苏州电气厂垄断居奇，苛待马达用户。该米行首先向商会说明事件原委：由于其历来使用苏州电气厂电力马达，创始之际尚无苛勒限制；电厂以专营事业，竟生居奇垄断之心，即于民国十五年六月起勒限米业之装用马达者，不论用电度数多少，每月最低限度须包用六百度；后经再三商恳，改为四百度，不足则概须照四百度缴纳，溢额则照实际度数办。

随后，五丰瑞谷堂进一步对电厂进行控诉。认为电厂一意孤行，不止引起米业商户之不满，其他行业莫不多有烦言。徒以电力为地方专营事业，不得不逆来顺受，然不平则鸣，酝酿已久，电力用户均以受痛过深，起而呼喊。要求商会与电厂商减马达电费，却舌干唇焦，不得要领。进而请愿省级管理机构批令该厂核减，不得超过上海之电费，电厂亦复置之不顾，垄断居奇，苛勒压迫。

苏州米业用电力之用户大多生产规模较小。至光复之后的一九四五年，苏州城区米业各店多数已使用电力马达。米业同业公会即指出对生活必需之主要工业至为重要，会员有碾米等设备者为数甚多，其为生活必需至为明显，如若停电而停止碾米等，日后粮食问题等必将不堪设想。

乡区米业经营中，苏州电气厂发挥了较为突出的作用。一九二七年，该厂乡区木渎镇所设办事处即附电力碾米所，要求所碾之米运输过程中政府设卡收税之处一律予以放行。电厂称其碾米数皆属极小，农户供给一家日用所需之米与大宗买卖情形不相同，该电力碾米所既非米行，本不过代为碾米而已；如不分碾米自用与出卖，碾米乡户均须裹足，殊非体谅农民之道，事因乡户多所嘱，恳贵会转税务所长加以体恤。

一年之后，亦于浒墅关等处大力倡导电力碾米事业。苏州电气厂在长途高压杆线延伸之处，浒墅关等处竭力提倡电力用途，若夏令之农田戽水、冬令之乡人碾米无一不称便利，节省农民工力、减低农民成本效验已甚显著，为时势所必需。

一九二九年时，因与吴县黄埭接壤的无锡荡口电力碾米厂不再营业，由苏州电气厂正式收买归并。电气厂认为荡口为无锡首镇，其营业前途加以整理当不在苏州各乡之下，灯户虽少而碾米实多，利息固薄，然为民生主义暨推广业务计，自当尽力推进。

至一九三一年，已在望亭、黄埭、西津桥等处拥有了电力碾米设施。其中望亭镇至城三十华里，方棚间碾米厂办事处于十七年购王姓地自建，米厂内计有米车十部、砻车两部；黄埭至城三十四华里，方棚间米厂办事处于民国十七年购马姓等地自建，米厂内计有米车六部、砻车两部；西津桥至城四华里，方棚间米厂办事处于民国十六年购地自建，米厂内计有米车六部、砻车两部。

除苏州电气厂外，一九三五年时，乡区木渎镇的严和美、西和美等碾米厂也已装设电力机。此二家碾米厂称其本厂均各装有电动机以为碾米之用，向由苏州电气厂供给电力，以资发动。一九四五年时，木渎镇之永大米行亦因电力中断，向苏州电气厂呈请早日接通。该行指出其所剩采办商之军粮亟待缴解，而电流未能使用，为此多次向苏州电气厂恳请启用。

自一九二五年起，苏州电气厂还在乡区发展电力戽水事业。营业范围一九二四年起自附郭扩充到乡镇；一九二五年收买浒墅关电厂，进展到望亭、西津桥、通安桥、金墅、黄埭，直至无锡的南延市，一面展延到木渎、善人桥、蠡墅、横塘、陆墓，并开始为浒墅关等处戽水、碾米。

经营电力戽水存在诸多困难。首先，成本较高。当雨水较多之时，农田戽水工程需耗费大量电力。其次，获利较薄。苏州电气厂坦言，其各乡马达农田戽水定章、放杆、植线、接用马达，每田一亩从插秧起至秋熟止收费仅一元五角，分期收取；且至少以四五百亩为一区，天旱则需戽进水，水多则需戽出，工友随宜设置，勤劳异常，该厂陆续推行，徒以农人生计艰难，不忍议增取费，是以一年收入亦只三万余元。再次，还需与其他经营者竞争。苏州电气厂的电力戽水业务还遭遇了以此为主营业务的机船的有力挑战，一时之间进展受挫。

苏州电气厂格外重视浒墅关地区的电力戽水事业。通过统计可知，电力戽水面积共计两万四千五百四十三亩三分。因历年欠账过多，不获推广，且值谷贱伤农时代，一九三二年时，苏州电气厂电力戽水总面积为两万余亩。故而至三十年代初，苏州电气厂开设电力戽水业务的主要区域应为浒墅关地区。

专门制造电力机的工厂也随之在苏地出现，震华公司即为其中典型。该公司发起人鉴于电力事业渐渐发达，而电气所用之机械无不仰给外来，长此以往，不但权利外溢无法挽回，而技术衰弱、进步阻碍，实为国贫民困之一大原因也。发起人称其曾亲赴柏林，经历彼邦著名工厂，尤与西门子总公司执事人员酬酢交游，理说百端，冀哺其萃，而啜其精；今幸与订立特约，凡德国西门子总公司已发明及以后新发明之经验、商标等利益，允许该厂完全享受，并雇用西门子上等技师来华执务，及由该厂派学员前往实地练习，此项特约足为中国电力事业发达之绝佳契机。

这不仅为苏地电气化生产提供了便利，还在一定程度上推动了苏州社会与经济进步。舆论称震华公司不日开办是为中国争回权利，为地方增进实业。日前建筑、开办所需，容纳工人所消耗，已造苏州人无量幸福，苏州生计困难极矣，得此补救，销弥劫运，地方顶礼欢迎。

众所周知，电是工业发展的血液，是产能飞跃的催化剂，近代苏州丝织、碾米、造纸、报业、火柴、面粉、戽水等行业中都出现了电力马达及电力机的身姿，这说明当时苏州各主要行业都已接用电力进行生产，电在生产领域的应用颇为宽泛，也有着较为广阔的发展空间。

二、发电引擎与生产用电之供给

上述接用电力各厂除使用电力马达外，还多自备各式发电引擎，在对苏州电气化生产概况有了一定认识之后，笔者试图透过用电方自备发电引擎一事，对近代苏州生产用电的供给状况作一窥探。

苏州纺织业龙头企业苏纶纱厂系光绪末年苏州地方绅士经办，纺织机器均系英国道勃生公司出品。原动机最初使用蒸汽引擎，直接以蒸汽作为生产原动力，机械传动落后，以棉纱绳数十条牵引主轴，因不善经营，连年亏本。

一九三〇年时，苏纶纱厂又增添纱锭及布机，新增纱布机均系大隆厂制造，那时纱锭已达四万、布机八百台，柴油机已不适用。厂主严裕堂遂出资二百四十万大洋向上海新通公司采购锅炉二台，轮流交替使用，双杠汽轮发电机一台，当时可称高效发配电厂。其所发之电除自用外，还对外销售。

苏纶纱厂发电所需煤斤时有短缺情形发生，厂方被迫采取各项措施加以应对。

首先，四处搜寻发电所需煤斤。纱厂在苏州城内鹤园办事处内向堆有积余白煤约十吨，原为发电间封盖炉灶之用，之前厂中尚有余存，留置已久，后因存煤用罄，故而取回应用。

其次，专门派人清扫散落的煤屑。一九四五年，纱厂煤屑清理承包人彭志浩包到苏纶纱厂逐日清扫所出煤屑业务，订每三天出清一次。每月法币二千五百元整按月付清，至于所需雇工、用具、装运等均由承包人自立。

再次，翻造锅炉，改以柴油发电。一九四七年，因该厂煤斤来源稀少，故而重新翻造锅炉，改用柴油，以维生产，为此致函石油公司按月配给两锅炉设备资每月所用柴油四百八十吨。

最后，另行购置柴油引擎加以补充。燃煤紧缺之时，该厂原动力设备在一千匹马力以下已改用柴油引擎。

永明纱厂发电引擎损坏，也对其生产造成较大影响。一九三八年七月，该厂一号引擎损坏，正在修理过程中，兹因原动力不足，纱锭减开至二千余枚。

一九三七年之前，鸿生火柴厂已聘请苏州电气厂技术人员为电力动力顾问，维护该厂装设之发电引擎。之后，该厂为保障引擎及电力等效力起见，仍聘电气厂张裕通为电力动力顾问，自一九四七年十月份起月致车马费十元。同时，由于电厂方面缩短供电时间，工作不便，为妥善计，拟购柴油引擎一座、发电机一座，并将八匹旧引擎转售。

民国时期，以木炭和木柴为燃料的发电引擎出现于苏地，成为发电引擎之补充。一九四四年时，鸿生火柴厂因电力限制影响生产，为补救起见，拟将原有之柴油引擎改装为木炭引擎。经中间人介绍与通用机器厂接洽，购置制造木炭引擎所需各项材料，如除生铁及罐子由本厂供给材料、其余熟铁料等均需外购。

同年，鸿生火柴厂还拥有了以木柴发电之木柴引擎。

苏州开送日电之前，丝织业中的苏经绸厂即自行装置发电引擎。一九二一年起，苏经绸厂开始试用电力机后，由于电厂并不供应日电，能源不能配套，又发生困难，绸厂只能自己设法解决。自置引擎发电后，由于技术管理经验不足，产品质量受到影响，且电力成本亦高，厂方受到很大损失。

就在该厂装设发电引擎的一九二二年，其近邻或因恐慌或受该厂竞争者教唆，发动妇女对其进行滋扰。该厂致函警察厅称其铁机丝织创办有年，对于电力机织尚付阙如，为世界潮流所趋、挽回实业权利起见，特于该年自办发电引擎，专造绸葛，孰知近邻借危险为名，不时发动无识妇女来厂滋扰。此外，电力引擎通都大邑均有设置，况通电之线又不经过邻家，毫无危险可生，该邻近居民知识浅薄，未免不受人教唆，有意滋扰，长此以往不独敝厂营业有关，即治安亦有未便，恐无赖人等暗中教唆、横生枝节，实属堪虞。故苏州警察厅除令下属给予保护之外，另发布通告。

木柴发电引擎存在着易损坏等缺点，工作效率较低。泰来绸厂指出该厂电力一再缩减后，虽置备木柴引擎以资补助，工作效率终觉逊色；现在马达电全部停止，该厂增加生产，则有胜于无，理应加紧工作。但木柴引擎极易损坏，停车修理为常事。

至一九二九年，苏州巴达铁厂开始承造柴油引擎。

一九二六年时，交通部吴县电信局安装发电引擎一部，供该局办公及处理业务之用。二十一年后，该局所用十六匹马力双汽缸狄塞尔引擎一部效率逐渐减低，托上海局代购蓄电池铅板一组，拟将油机及电动发电机轮流使用。

一九四八年十月时，米业之苏州怡源米行向无锡民生铁厂购买发电引擎一座，以待应用。同年十一月，天丰米厂又从该厂购置二十五匹轻型发电引擎一部。

从上述研究可见，纺织、丝织、碾米、火柴等业均有厂家自备引擎发电，各厂号购置发电设备需付出不菲代价，所发之电多为自用，无法通过出售电力分摊发电成本，因而用户自置发电引擎不应是由电厂收费过昂造成的，生产用电供给不足的情况确实存在。在明确了近代苏州生产用电的供给状况之后，有必要从供电方即电厂的角度观察生产用电之开放，这既有助于深入理解生产用电供应不足之史实，又为探析其真实原因打下了基础。

第二节　基于供电方之考察：日电

电厂所发送电力，根据开放时间界定，可分为夜电与日电。夜电大多供夜间燃点电灯之用，日电则专指白天开放之电力，主要用途即为生产用电，若无日电的供给，工厂只能在夜间开工。

究其弊端而言，首先为多耗电费。夜电放送时间自下午三时起，送至夜间十二时止，对于生产厂家而言工作时间既受限制，工人生计亦感困难。复以夜间工作之故，厂方电灯暗耗尤巨。丝织业等用电厂家遂数度与电厂接洽，请其顾念公用事业之重要，即速恢复日电。

其次，冬夏之季工作环境也更为恶劣。由于电厂停送日电，用电厂家为此向政府控告电厂，称天已酷热，政府所属各机关咸蒙垂恤，得于下午停止办公。厂家等午前凉爽之际，以无电故不得不蹉跎坐视，直将宝贵之时间、充盈之精神付诸虚掷。迟至午后最炎热时始行开始工作，以致夜间灯光之下、蚊蚋聚集之候，仍无休息。盖厂方非此不足以维持，而工人尤非此不足以糊口，反昼为夜，则公众卫生无法顾及，生产受到限制。是故日电为生产用电之代表。

在前面研究中，已获知电厂对于生产用电供给不足，通过解读相关档案资料也可证实，电厂方面屡屡减停日电，并将日电供给不畅归结于整修线路、缺乏燃料、成本过巨等因素，但实际情况并非如此。

一、整修线路

苏州夜电之开放，虽未能确定具体开放时间，但在清代光绪末年即已出现。苏州电灯事业创始于光绪末年，当时的名称为新星电灯公司，但未发电营业。无锡人祝大椿继承经营，并改名为振兴电灯公司，正式开始发送夜电。

振兴电灯公司暗售日商事件发生之后，曾有意开放日电。阊区警察署称振兴已请求开放日电，并列举某厂某号请用马达，并定于某日仍拟试行。商会认为振兴公司添开日电，易发生危险，现闻该公司暗中运动各厂号托词请用马达，但该公司前年因日资嫌疑，所开夜灯尚难承认，今后添开日电，贪利忘害，苏州人民一致反对，因此分别致函苏常道尹及苏常镇守使，要求立行禁阻，庶保治安，而平众愤。

苏州电气厂接手后的一九二六年六月，丝织业同业公会已频频催促电厂早发日电。该会曾质问电厂所有日电能否即发，要求明白答复，迄今杳无音信。则电厂之开送日电是欺人乎？抑无能力乎？尽可明白宣布，何必自误？该会下属各厂尤与日电有密切关系，刻不容缓，一再要求同业公会函催，窃思电厂置之不答，有何居心？况浒墅关一带日电业已开送，何厚于彼而薄于此耶？抑对于本城用户别有用意耶？或浒墅关人另有一种手段耶？不独丝织业同业莫名其妙，即他业亦真相难察，伏乞市商会即日函询，究属如何？

日电开放的确切时间则迟至该年七月二十一日。电厂开放日电业奉道厅县署照准在案，诸事已筹备完毕，于该日实行试放。

中国传统历法中，朔日为每月初一，望日为每月十五或十六日，日电开送之后，每月朔日、望日及各种传统节日，都定期停送日电。苏州电气厂在《供给马达电力章程》中就称修理内外线路暂停日电时间为旧历每月朔日、望日，至于特别修理则不在此限。

一九二九年五月九日正逢旧历初一，因当日出现日食，苏州繁华之地阊门外的商人即以日电停送影响治安为由，要求苏州电气厂开送日电。阊门附近商人联名向商会进言，指出前阅苏、沪各报，又据徐家汇天文台神父言，此次五月九日之日蚀上海则仅见三成半，预测本埠初蚀为下午二点三十六分，时长约有两小时，将见日色无光，如在薄暮也。查五月九日系旧历四月初一日，苏州电气厂向无日电，若天文台所言属实，届时既无日电供用，当此湖匪尚未全清之时，影响社会治安匪浅，是应预为准备，请求商会据情函致苏州电气厂于五月九日即古历四月初一日仍送日电。

同年七月，经营米业之五丰瑞谷堂亦称苏州电气厂于旧历之朔日、望日停送日电致其遭受损失，该业选用电力包度办法，预缴电费，并加以保证金，每月停止工作二日之损失，尤较他业为巨。

苏州电气厂则回复称朔日、望日停电，则以整理机械，不得不尔。一九三五年端午节，电厂亦照常工作提早散工，自改用电力后，是日适逢电厂停送日电无法开工。但用电厂家工人则推举代表要求是日工资照给，经再三交涉结果，五日停工，该日之工作自六日起陆续补足，至于工资方面则仍行照给。

苏州电气厂虽以整修线路、机械作为朔日、望日停送日电的原因，但该厂在其一九三〇年账略报告中称，要尽快解决朔日、望日停电一事，要尽力弥补自身设备配置与使用方面的缺陷。主要措施包括装置斯可达洋行最新管式锅炉全具，并建筑锅炉房，一切设备尚称完全，最近全部竣工，试用成绩尚好；并为安全及长时间轮流替换收拾起见，不得不积极购置第二只新式同样锅炉，及装用后可实行取消朔日、望日停送日电。

从此处可见，电厂朔日、望日停送日电虽有整修线路之影响，但设备缺乏造成的产能不足亦不可忽略，此项停电情形直至一九四六年仍未彻底解决。该年据面粉业之太和面粉厂称，该厂因电气厂规定每月十五日及一日停供日电电流，该厂亦停止工作。

二、燃料缺乏

燃料缺乏也成为日电供给困难的理由之一。苏州电气厂一九二六年制定的《供给马达电力章程》中规定，开送日电的时间春分节后上午六时左右起下午五时后止，秋分节后上午七时后起下午四时止；夜电时间仍照旧习惯为起止，每日应放送日电八至九个小时。

而在一九三八年三月每日仅供日电六七个小时，日电开放时间不足，影响了工业发展。苏州大多数生产厂家自抗战沦陷后停业，商会保护复业，理应遵照进行，勉以为数千工人生计起见，筹备复业，而尚有先决问题未能解决者，即日电不能恢复输送。各厂均用马达，现在苏州电气厂输电时间自下午四时左右起，至十一时即止，为时仅有六七个小时，且夜间戒严，工人往来诸多不便。日电不能恢复，则工厂不能复业。

铁机丝织业同业公会、米业公会、磨行业同业公会等为此呈请照常送电。诸行业均指出苏地各种机械工业使用电气马达为原动力，沦陷之后电厂停送日电，以致各项工业因缺少原动力关系咸告停顿。虽几经交涉，结果亦不过提早一二小时而已。各工厂鉴于多数员工之生计迫切，逼不得已，只得反昼为夜，或勉开半工聊维生活，以免日常用品之生产不继，并待电厂照常供电后恢复正常。光阴荏苒，瞬逝数月，苏地秩序虽已日臻安定，商业市容亦渐明朗，惟各工厂以电厂停送日电影响，犹未能恢复常态。各行业公会为此要求电厂即日照常输送日电，务使昼夜衔接，以维工业。

电厂方面则认为每日送电已达十四小时，实以燃料缺乏、亏损过巨，一时势难延长。一俟燃料得有充分接济，仍应设法提早输送日电，以利工业。

一九四三年年末，苏州各行业的日电用量同样遭受严重削减。漂洗炼染业减少至平时用量的百分之四十。此时正值燃料异常昂贵且又来源稀少之际，该业称营业已苦、勉强支持，一旦奉命将电力减少百分之六十，不仅营业收入大为减少，难维现状，抑且多数职工将因连带关系而受失业之痛苦，商业前途何堪设想。丝织业则缩减至平时用量的百分之六十。该年十二月份起限制电量供给，并对于丝织厂业之供量将减缩百分之四十，丝织业各厂只得节省消费，应对电厂此项措施以勉维生产。

故各行各业纷纷申请增加用电比例。眼镜业同业公会要求增加用电量至百分之七十，以利行业之基本需要，并可维持一般工人之生活。火柴业亦要求增至该用电比例。该业每月电力限用九百五十九度、电灯限用一百一十四度,仅敷约十日之用。节约用电及增加生产均为适应战时体制所必要，故对于该业应变通办理，该业要求限用率增为百分之七十，务祈市商会与华中水电公司据理力争。

电厂方面亦以煤炭供应不足为由，予以拒绝。电厂回应关于增加电力使用限制量一节，以种种情形考虑之下，实因煤斤紧缩问题之严重，对于电力消费限度率更大，或局部停电，故尚祈谅解情势，暂为忍耐，根据现在规定量使用。

一九四五年时，苏州日电停供。米业各厂再次向商会控诉，提出米业马达电力需用甚广，长此封闭断电影响碾米等项工作，呈请为使粮商恢复正常营业，迅赐转令苏州电气厂对该业按户继续供应电力。

至该年十一月，因燃煤供应困难，苏州电气厂参照上海电气会及戚墅堰电厂以煤易电方法，在城区范围内施行办理，凡电力用户应将燃煤移交该厂胥门外发电所河埠，用电量视煤质试验结果之高下而定，凡使用电力之用户视马力总匹数之大小定供给煤斤之多寡。

大多数工厂却无力购买煤斤，因而无法恢复生产。当时苏州小型工厂利用电力工作者共有五百五十余所，全体工人约二万名，大部分未能恢复正常生产。仅有一百余所工厂向苏州电气厂以煤易取电流后继续营业，另有一小部分工厂自备引擎应用，此外尚未复业者占总数十分之七，失业工人仍有一万五千名之多。

一九四九年二月，苏州电气厂又因煤源匮乏，停送日电达一个月之久。此次，粮食业、铁织、石粉、电机丝织等业公会指出其生产所需动力全赖电厂供应，电厂自旧历岁暮停送日电，至今逾一月，各厂生产停顿，工人生计断绝，迭经请求苏州电气厂即日恢复日电，却终以煤荒严重为托词搪塞敷衍；如厂方因动力停止被迫关厂，工人罢工、怠工固为法所不许，罢工则其摧残生产，违纪法令之责任盖已判明；苏州电气厂为苏州唯一动力源泉，责任重大，该厂却以环境艰困、配煤不充等理由诿卸责任，而不谋争取煤源之道，实在无能，似应由地方当局予以纠正，迅谋积极恢复日电办法，否则全苏州劳工迫于饥寒，万一发生骚扰，妨害治安，而非各厂所能劝阻，应由电厂负其全责。

实际上，电厂方面正积极寻求解决之道，意图通过扩大宣传、集会、请愿等手段，稳定煤炭供给价格。苏州电气厂提出或将各电厂困难情形扩大宣传；或在上海召集会员大会，请有关机关派员出席指导，同时征求杭州区电气工业同业公会意见，以期唤起社会关注；或备具电文，推派代表至四矿联运处，请对电厂购煤另订优待办法，切实稳定煤价，并推定镇江电气公司、武进电气公司、戚墅堰电厂、苏州电气厂等为代表。

上海烟煤调节委员会也于该年三月增拨五百吨燃煤交于苏州电气厂，以维持苏州日电的正常供应。苏州电气厂因煤源不继，影响生产，故请求委员会发售工厂用煤，俾解急迫，而维生产。苏州电气厂用煤申请业经提交上海区烟煤分配委员会第四次会议议决，三月份配煤可较上月增拨五百吨，该月供电情形预计当可好转。

从上可见，燃料缺乏的确造成了日电供应困难，但档案资料中所显示的几个时间节点分别为一九三八、一九四三、一九四五、一九四九四个年份，战争时期的特殊环境难免造成物资缺乏，不独燃料使然，上述几次燃料危机都具有时间上的特殊性。

此外，通过前面研究可知，近代苏州电力用户自备发电引擎的时间跨度远远超过了上述四个年份。而自一九二一年至一九三四年的十四年间，苏州时局相对稳定。参见表4-2-1苏州电气厂营业报告数据，一九二六年苏州日电开放之后的十年内，其燃料消耗成本占总成本的比例反倒较日电开放之前的五年略低，这就说明时局较为稳定之时，电厂并未耗费过多成本去购置燃料，燃料来源并不匮乏，日电的开放也未对燃料的供给造成过重经济负担，因此燃料缺乏无法对苏州日电长期供给不足作出合理解释。

表4-2-1　一九二一年至一九三四年苏州电气厂营业报告之数据

年份	油煤消耗成本	总成本	油煤消耗占总成本的比率
1921	五万五千一百一十一元零二分	十四万七千七百六十六元六角	37%
1922	四万六千二百六十八元九角六分	十七万四千四百二十一元六角三分	26%
1923	八万三千四百五十三元三角六分	十八万五千四百七十五元四角一分	45%
1924	十七万一千九百十元二角二分	四十三万六千三百十元三角	39%
1925	十五万六千七百六十七元五角一分	四十六万四千五百三十元三角五分	34%

续表

年份	油煤消耗成本	总成本	油煤消耗占总成本的比率
1926—1927	三十八万六千五百十元三角九分（平均每年约为十九万三千二百五十五元一角九分）	一百三十三万六千九百零七元零八分（平均每年约为六十五万三千四百五十三元五角四分）	29%
1928	二十一万八千四百六十一元二角八分	七十万八千二百七十六元二角	31%
1929	二十三万一千九百六十八元三角八分	七十万七千三百一十八元四角三分	33%
1930	二十二万四千六百一十四元一角六分	八十三万一千八百一十四元八角一分	27%
1931	二十八万零一百四十七元零五分	八十九万零三百五十元零六分	31%
1932	二十九万九千六百六十四元四角一分	九十三万三千二百九十二元七角二分	32%
1933	十七万七千二百六十四元三角九分	七十二万四千零九十一元零五分	24%
1934	二十七万三千二百二十三元五角七分	一百一十万三千三百零三元七角	25%

三、成本上涨

一九二七年年初，苏州电气厂登报告知各界将长期停送日电。该厂提出由于各业均需收账，且该厂内外线路亦需整理，所有日电自即日起暂行停送。

此举严重影响了各电力用户的正常生产，米业各店即因出货中断、影响民生，宣布米粮攸关民食，务必使城中无米荒之虞，价格不致有高昂之忧。指出电气厂贸然停止，使该业补救无从，赔贴开支、减少交易，各项直接、间接之损失实被电气厂停送日电所致，电气厂应负责任。并指责该厂停电广告语并无确切开放日期，电厂多停一日，即多受一日损失，且电厂收费高昂，米业各厂多数已将日电电费预缴，而电气厂不察商业大势，不顾民食大局，殊为社会所厌恶。

铁机丝织公会亦颇为不满。指出其会员厂家因电厂输送日电而添设电机，另招工徒人数已颇不少；况值此工潮不靖之秋，竭力维持其生活犹虞不给，万一发生问题，怎么维持？总之，创办公共事业宜四方兼顾，断不能任意变更，有其举之无敢废焉？此应请该厂容纳。现在年关相距已经无多，而来岁开工瞬息将至，如何应付，应与该厂商量。

对此，电厂方面最初称因整修线路，趁年关结束之际，暂时停止日电。

令人费解的是，不久之后电厂方面即指出其停送日电的原因并非为整修线路，而是因开放日电引起物料、人工等各项成本上涨所造成的营业亏损。该厂负责人对外宣称：因存煤无几，趁去年年关各业停工之际，停送日电。开送日电以来一直有绌无盈，应社会上之请求始先试办，不料半年以来之亏耗巨大，不得已将日电部分暂行宣告停止。至于亏蚀原因，由工价、饭事以及物料持续增高，较前业已加倍，专项暗耗每月须在四千元以上。因电力事业涉及公益，不得不通盘筹顾，虽于竭力经营不分日夜送电，但如成本有限、亏耗无穷，长此以往势必难以为继，故希冀商会设法使各用户便于营业，使电厂保于血本，以免亏蚀难支。此外，苏州电气厂还借机要求增加日电电费。电厂经理与电力用户沟通后提及煤价昂涨，非将日夜燃费一律增加无力再行输送日电。

此种前后矛盾的说法引起了用电方的不满，纷纷对电厂加价一节提出异议，认为电厂之前广告表明停送日电为整理线路，众所共闻，以整理始而以加价终，窃为该厂所不取也。甚至在振兴电灯公司时代曾有加价之过，并未有一日之停电。

米业称其采用包度办法，且已缴纳应缴之电费，反对加价。该业利用该厂电力之始，每马达无论使用电力多寡月须缴电费二十元，现已由电厂责缴最低限度四十元，其款亦已缴存，业已另有相等加价办法，似可不比与他业并为一谈。由于该业装用马达缴费情形与铁机、丝边等业迥然不同，故要求该厂立即开放日电，对于加价一节实可无庸置喙。

铁机丝织公会、丝边公所则被迫同意加收。为维持工人生计，免激事端起见，委曲求全，进而提出煤业与丝厂既系查照合同原价，并照现时已涨数目各认一半，则电厂尽可将已经签定的合同援案解决。

最终，该次纠纷以马达电费加收百分之十告终。装用马达各业及电厂经理开会商讨，铁机、米业等代表以各厂急需开工，工人势难久待，勉允马达燃费计每字一角者暂行酌加一分，要求即日开送日电；电厂经理亦允退让，减为暂加一分，惟须灯户用电一律照加燃费，方昭公允，而免偏枯，并先定期开送日电。

参见表4-2-2，在上述事件发生前后的一九二六、一九二七年时，苏州电气厂确实出现了营业亏蚀，同时成本大幅度上升。进一步综合分析该表所列该厂自一九二一年至一九三六年十六年间的经营状况可以看出，首先，电厂的总成本虽呈不断上涨趋势，但日电开放之前几年已是如此，与日电之开放无涉。其次，该厂虽在一九二六、一九二七年开放日电时遭受亏损，但仅一年之后的一九二八年即获得了约四倍于亏折的盈利，日电开放之后的九年间也从未出现较大亏空。最后，日电开放前的一九二一年至一九二五年五年间，除一九二三年之外，成本年增长率均高于利润年增长率；而日电开放后的一九二八年至一九三六年的九年之间，有六年的利润年增长率较成本年增长率为高。这说明日电开放之后，利润增长水平总体上是超过了成本增长水平的，电厂单位成本所获利润并未因日电开放而降低。由此可知，成本上涨也并非日电减停的主要原因。

表4-2-2　苏州电气厂营业状况一览

年份	总成本	损益	成本年增减率	损益年增减率
1921	十四万七千七百六十六元六角	纯损四万六千二百六十四元七角一分		
1922	十七万四千四百二十一元六角三分	纯损四万八千四百四十九元零三分	增18%	亏损增加5%

续表

年份	总成本	损益	成本年增减率	损益年增减率
1923	十八万五千四百七十五元四角一分	纯益五万五千八百八十五元八角五分	增6%	由亏损转为盈利，盈利额高于该年成本增长额之五倍，略高于上一年度亏损额
1924	四十三万六千三百十元三角	纯益六万六千九百零二元零八分	增135%	盈利增20%
1925	四十六万四千五百三十元三角五分	纯益六万八千七百三十六元五角	增6%	盈利增3%
1926—1927	一百三十三万六千九百零七元零八分（平均每年约为六十五万三千四百五十三元五角四分）	纯损二万四千三百六十五元六角九分	增41%	由盈利转为亏损
1928	七十万八千二百七十六元二角	纯益十万零二千四百九十三元三角	增8%	由亏损转为盈利，盈利额约为该年成本增长额之两倍，约为上一年度亏损额之四倍
1929	七十万七千三百一十八元四角三分	纯益十一万零六十八元二角六分	与前一年总支出大约相等	盈利增7%
1930	八十三万一千八百一十四元八角一分	纯益十三万九千五百九十七元五角	增18%	盈利增27%
1931	八十九万零三百五十元零六分	纯益十五万三千四百七十五元一角五分	增7%	盈利增10%
1932	九十三万三千二百九十二元七角二分	纯益十五万四千六百五十二元六角二分	增5%	盈利与之前一年大体相等

续表

年份	总成本	损益	成本年增减率	损益年增减率
1933	七十二万四千零九十一元零五分	纯益十四万三千五百一十五元八角	减29%	盈利减少8%
1934	一百一十万三千三百零三元七角	纯益十八万六千一百一十元四角四分	增52%	盈利增30%
1935	八十四万一千八百三十八元零六分	纯益五十二万九千二百三十二元三角五分	减31%	盈利增百184%
1936	八十六万五千八百二十四元九角九分	纯益五十二万一千九百九十元五角七分	增3%	盈利减1%

经上述研究可以看出，电厂所列举的数种原因并非其减停日电的根本所在，这可从供电方找出原因，故近代苏州日电供给不畅的责任当不在于供电方。日电开放之后，苏州电气厂的经营状况并未有明显改善，这说明日电业务增长速度缓慢，或许由此出发可以揭示出日电不畅的历史原貌。在下面之研究中，笔者试图从该处切入，对减停日电一事进行深度剖析。

第三节　日电不畅之原因考证

一、用电方之经营艰难

从前述研究可知，近代苏州日电应用广泛，用电方之需求迫切，这说明日电的销路应当是不成问题的。民国时期苏州存在着日电的卖方市场，但供电方没有利润之显著增长，这就违背了市场供求规律，要解开这个谜团，首先需查究用电方的经营境况。

近代苏州开放日电的二十三年间，接用日电各业的处境并不乐观。以丝织业、纺织业为例，一九三七年以前，苏州的丝织、纺织产品大半以运销印度南洋为大宗，销路广泛。但一九二七年，铁机丝织业经济告匮，呈请财厅准予拨款救济。一九二九年，纱缎业云锦公所、铁机丝质公会也以营业艰困，请转求国府维持借款百万元。

推其缘由，首先是捐税之繁重、外商之倾轧。谢守祥创立于一九一六年的苏经铁机厂，即于一九二八年九月因上述原因造成的资金周转不敷倒闭停业。其次，纷起的战乱造成的交通中断、金融停滞，也影响着丝织、纺织品的产销。一九三二年，苏州机丝织业、纱缎庄业两公会曾称因受战事影响，交通阻碍、金融停滞，不仅成品难以出售，原料更无从运输，日常应付工资一经开工亦属无处筹措，请给予救济。

一九三八年时，苏州火柴业经营供小于求。为此，火柴业厂家将乱梗火柴（即双头梗）整理利用以应市面需要。一般而言，厂家应当把双头梗火柴焚毁，此时却有人专门兜揽此项生意，厂家故要求将双头梗整理办法及出售情形了解清楚，将乱梗火柴整理利用，并加以销售。但供求情况并不稳定，上述卖方市场出现的一年之后，即出现了销路呆滞局面，为谋调剂起见，鸿生火柴厂不得不定期停工，安排所有职员轮值。

该业的经营阻力首先来自政府方面的管制。火柴因其生产原料中含有化学物质，易被当局封存原料。一九二七年，鸿生火柴厂扩充范围，原有场所不敷应用，故在新阊门外南新桥地方租屋，另设分厂一处，定名为华商苏州火柴股份有限公司。除已呈报吴县建设局备案外，因洋硝及硫黄等属于违禁品种的生产原料均由鸿生火柴厂划拨，为避免产生误会，另函呈报苏州区硝磺局备案。但苏州区硝磺局长来分厂面称该局接得总局令知，将药料暂为封存，须候贵会备函证明确系鸿生火柴公司所供给，方准启用。

其次，易遭禁售产品。一九三〇年，据鸿生火柴厂无锡分销处报告，无锡公安局曾三四次派员关照各店铺不许销售红头火柴，并限其售至某日为止，如逾期再售需罚办，深为骇异。该厂提出其出品之红头火柴系用硫化磷所制，绝无毒质，并非从前含有毒质之黄磷火柴可比；故经销此种火柴者有三四省之广，店铺有数万家之多，即全国各火柴厂亦均照常制造；官方禁销者明明黄磷所制之红头火柴耳，乃锡地公安局不察货质之内容，以致有此指鹿为马之事。

再次，受到国外资本冲击。鸿生火柴厂提出瑞典抱有掌握世界火柴之雄心，一九二九年前后将大宗火柴输入中国内地，致使广东、东三省以及江浙之火柴厂受莫大之影响，各地资本较小之厂先后停业者已有十余家；此种经济侵略政策抑价贱售，必须将中国各火柴厂完全推倒、一网打尽而后甘心；尤有最可痛恨之奸商继起于后以摧残之，彼辈只顾目前，不计将来，图一时微利，置国家主权、工人生命于不顾，如上海之民光、无锡之大同、苏州之协泰丰群起承销。

米业更因其出售之粮食关系民生，受官方严格管制。该业视自然因素上调米价时，政府就会出面干涉，要求平抑米价。一九三一年，因持续下雨，米价腾贵，平民粒食维艰难，官方遂要求平抑米价。

米价波动不稳时，亦会引起官方关注。一九三五年，苏州城厢大米价格忽然涨落不定。官方即认为如金融稳定，市面不起波澜，米店售价当可平准，要求米业各厂家、商行务使米粮售价较合准确，以免贻人口实。

当粮价上涨之时，低价出售粮食、维持社会稳定成为米业不得不为之事。米价之所以受到当局高度重视，是因为其价格上涨会导致市场其他商品价格波动，使小民生计日蹙，工匠罢工时闻，进而引发社会动荡。

通过上述研究可以看出，日电用电方自身经营存在着种种困难与掣肘。结合苏州电气厂减停日电的史实加以反思，日电的日常经营之所以违背市场价值规律，合理性的解释应是用电方无力扩大日电使用规模，致使苏州的日电收益无法满足电厂开放日电的最低获利要求，从而导致日电供给不足。在前面研究中，虽指出该厂因整修线路停送日电有着产能不足的原因存在，但亦可将其归因于日电收益不足所造成的后果。

二、供电方之获益微薄

从表4-3-3可以获知，作为电厂主要收入的电费呈历年上涨趋势。但在一九三二年时，苏州电气厂盈利项下的马达电费收入仅占电灯电费收入的六分之一。该年电厂方面统计其城区收入，装灯户下应收七十余万元，电力户下十余万元，杂费项下数万余元，乡区营业收入亦年在十万元以上。进一步将表4-3-3所列一九三三年至一九三六年四年间的马达电费与同年所收总电费进行横向比较，亦可看出电厂所获电费大多是通过电灯用户获取的，马达用户所收电费在总电费收入中占据较低比例：

表4-3-3 苏州电气厂的马达电费与同年所收总电费比较

年份	电费收入	马达电费收入	马达电费占总电费比例
1921	九万零二百一十五元七角三分		
1922	十二万三千四百二十二元七角三分	一百八十元	几乎可忽略不计
1923	二十二万四千六百四十七元二角六分	一千八百八十四元五角	0.008%

续表

年份	电费收入	马达电费收入	马达电费占总电费比例
1924	四十七万七千四百八十八元四角七分		
1925	五十万零六千四百零二元二角九分		
1926—1927	一百二十八万四千三百七十四元四角四分（平均每年为六十四万两千一百八十七元二角二分）		
1928	七十八万六千三百九十一元三角三分		
1929	八十万六千八百九十一元四角一分		
1930	九十三万六千五百零七元九角四分		
1931	一百零一万五千一百五十四元零一分		
1932	一百零六万四千九百三十六元三角七分		
1933	八十五万一千八百一十六元九角一分	十七万二千三百八十二元二角九分	20%
1934	一百二十五万九千五百九十四元三角二分	二十七万八千八百一十二元一角	22%
1935	一百三十三万四千九百八十一元四角六分	二十七万五千零六十六元七角八分	21%
1936	一百三十四万二千五百九十一元五角四分	三十一万八千五百三十四元三角八分	24%

使用日电为动力进行工业生产时，首先，经营日电所用马达既需向电厂租用或买用，声明用途，填写定单，经电厂调查认可后缴清各费方能照装。其次，用户清缴费用后电厂还需另放马达杆线，用户应待手续完备才可再行通

电。再次，电厂马达路线尚未放布全城时，如有用户须加放路线专供一家之用者，每档还需另缴工作费洋四元，以上种种均需耗费一定成本。

但从前述研究可知，这并未招致电厂亏本，日电业务开展却多未达到电厂的期望值。如一九三〇年电厂营业收入之增多，主要是因装灯户数增多。该年度苏州电气厂财务报表显示，支出用煤用油各项开支衡之上届皆有减无加，而营业收入转增。探究其原因，一则洋油飞涨，装灯户数渐多；二则补收路灯各项欠费，并入本年当然较有生色。日电业务却不尽如人意，供给最高电流时间极短，而厂方设计容量又不能不充分预备，暗中损失，无可避免。

日电业务与夜电业务类似，同样需通过大规模接入用户获利，但电厂有时甚至被迫按户供电。一九四五年，粮食业诸厂家因马达电力封闭已久，遂呈请吴县县政府转令苏州电气厂顾念主要民生问题，迅予按户继续供给电力，俾使整个粮商恢复正常营业，以维民食，而利生产。

乡区之所以电费昂贵，也多因日电用量较少之缘故。一九三五年时，木渎镇严和美、西和美等碾米厂即因该镇电力价格高于苏州城区，向吴县商会提出申诉：均各装有电动机以为碾米之用，向由苏州电气厂供给电力，以资发动，只缘各厂见闻寡陋，故电费价格悉听电厂自定，从未稍涉争持；现因电厂自本年度起改变用电制度，并将电费价格减低，经即依照新章，向该厂木渎办事处主任接洽，不料此人坚持该厂所定电费价格仅以苏城用户为限，木渎因有敷设杆线之损失，电价自须增加，万难视同一律。

电厂方面则认为由于该镇日电用量较少，且需另行铺设杆线，电价昂贵亦属情理之中。同时强调，就商业习惯来看，凡物价之高下胥以成本之巨细、营业之大小为标准，乡区距离较远却亦须另行敷设杆线，损失颇巨，且用电少而营业上之收益无多，情形既殊，办法斯难强同，是以城乡电费定价参差，不自今始。通过上述种种史实可知，用量稀少是致使电厂日电业务无利可图的重要原因。

当日电用量不足时，电厂就被迫采用提高日电电价的办法来获取收益。一九二七年二月，日电开放仅半年时，马达用电即增加百分之十。具体办法为平均加价一成，凡城厢马达每字一角者改为一角一分，马达表户自抄表之日起，包灯自阳历三月份起一体实行，所有日电亦定即日输送。

但马达电费的上涨却造成了电厂与日电用户之间的矛盾。一九三四年八月至十一月马达电费不断增加，相差额自三四成至一倍以上，以致生产厂家成本骤增、损失不赀。铁机丝织业同业公会随即向电厂提出抗议，认为电厂供电电压过高，导致受电方虚耗电力。该公会声明电灯因夜长耗费自属情理之中，至于马达开闭各厂均有规定时间，不因天时而伸缩。并派代表至该厂面询，发现电灯电为二百二十伏特，马达电三百八十伏特。然电厂营业章程第五项明载，电灯以二百伏特为标准，马达以三百五十伏特为标准，该厂突然电灯增加二十伏特，马达增加三十伏特，均各超过百分之五至十，无怪耗电骤增，四月之间加至一倍。

电厂方面则坚称其所发电压符合标准。认为电力为三相三百八十伏特，早经呈奉建设委员会核准备案，已不自今始。而营业章程所载电力为三百五十伏特，系指导用户购办马达之标准，高压电由发电所通至马达用户，其间必有电压降，否则用户电压难免不足。近来苏地电力用户，电动机之采用三百五十伏特方式者果多，而采用三百八十伏特者实亦不在少数，各处自身马达电压高低既不一致，而相距变压所线路，近则稍高，远则稍逊，经测绘结果似亦间有不及三百五十伏特者，惟计算电压高低之差数，核与电气事业取缔规则第十六条百分之十之规定无有不合。

并指出用电方之所以耗电过多，主要原因是用电方自身设备简陋及操作不当，自身则无过多责任。特别是铁机丝织业各厂所备电动机马力大都五十匹以下，且以鼠笼式居多，电率比较为劣，负荷不免过重。此外，电机不全开动之时电度当然减少，其耗电省电原因，在稍明学理及事实者类能明了。铁机丝织业同业公会所称增加伏特，未免以片面之推测出于误会。

分析上述资料可知，该次纷争多是因用电方自身管理不善及设备落后造成的，但用电方却不予认同，双方矛盾不断加深。三个月后，铁机丝织业同业公会向江苏省建设厅呈控苏州电气厂违章背信、苛待用户，密请派员查办。该厅委派江苏省长途电话交换所工程师袁凤祥前往彻查，缴呈大亚、咸吉两厂三相电表两只，经较验均不准确。为此建设厅委托吴县县政府给予苏州电气厂九十元罚款，并要求该厂妥拟较验电表通盘计划。

用电方还以苏州电力价格过巨为由，要求核减马达电费。一九二九年三月，苏州铁机丝织业同业公会因自身经营困难，认为苏州电气厂日电每度一角收费过巨，希望按上海日电价格减收至四分五厘，请商会出面协调电厂将丝织业所用马达、电价照上海电价平均核减，以轻成本。

苏州电气厂则拒绝减费，一方面指出因内地电厂所需燃料、物料均来自上海，运输需费、路上耗损、捐费重重，合算成本实远过于上海，故内地兹不能与通商大埠相提并论，若与其他各处进行比较，该厂电费当不在昂贵之列。另一方面也认为上海日电用户百倍于苏州，两者无法相提并论。该厂认为其输送日电原为公用便利，自身实收耗损，如总之电量需用愈巨，则定价愈可从廉。上海工部局发出马达电量用户受供给者较苏地增加何止百倍，盈绌岂能相提并论。且如某电厂以国家财力所经营，可以尽量减轻电费，而其章程第二章第四条规定，马达用户每度大洋一角，与该厂现定价格适合。该厂但求工商业发达，日电用量激增，至相当时期自当重订规章，此时委难再减，实为苦衷。

此事件最后由苏州市市长进行调解，但洽商结果双方坚持，不易解决。后由省建设厅出面详细审核，酌定电费价格。省建设厅指出丝织公会控告电厂所定电费每度二角、马达每度一角取费过巨，直接妨害工业成本，间接影响该厂营业，要求减低；电厂则以日电亏耗、煤价飞涨等理由答复；在此种状况下，晓谕丝织公会、电气厂双方毋再坚持，以解纠纷，互维营业，将马达电费折中减定为每度八分五厘。

此次电价调整六年之后的一九三五年，铁机丝织同业公会等又因苏地马达电费超过戚墅堰电厂，期望苏州电气厂照戚墅堰电厂价格降低电费。虽经减价，但该会仍旧认为电价仍较无锡、上海为巨，同属邻县、同为工业区域，厚彼薄此，苏州工业界已深受影响。乃近年来社会物价惨落，煤价狂贱，据戚墅堰电厂报告每度电之煤价仅一分三厘左右。苏州电气厂近年营业发达，马达日电用户较前增加十倍以上，电价电灯则依然每度二角，马达则仍为每度八分五厘，以较戚墅堰电价马达仅以五分五厘起算者，相差达六五折之巨。为此要求苏州电气厂援照戚厂电价从速低减，使获平允，否则仰乞苏地各厂接用戚厂电力，以维实业民生。

电厂则认为其开支过多，未至让利之时。提出凡属商业，胥以成本之高下为物价之标准，电业然，其他各业亦何莫不然。该厂自收回振兴，艰困备尝，成本甚巨，损失尤多，多年惨淡经营，营业稍有起色，而机械新备，各项普通折旧，开支浩繁，纯益尤属无几，统盘筹划，尚未至减费相当时期，迟迟未果。

并提及苏州并非工商区域，鲜有大规模之工厂，电力用户用电数量向非上海可比，即揆诸戚墅堰等处亦不可以道里计（苏地数百余家小厂用电数量，尚不及邻县三数大厂之多）。南京电厂馈电数量，与该厂无分轩轾，而电费之收入超过苏州两倍以上，营业既大相悬殊，故日电之供给牺牲实多，可见各地情形显有分别，自未能强为一致。

最后在无从减价的情况下，通过变更收费方法化解了此次纠葛。新的电力收费办法有以下两种：第一种为二部收费制，即将应收之电费分为基本电费与流动电费，基本电费按装置马力数收取，流动电费按每月每马力用电度数收取；第二种为底度制，即将应收之电费按每月每马力用电度数收取，同时规定，每月每马力底度如用电不足底度时，亦照底度数收费。底度制收费，用户全不用电时与用电至适达底度时缴费相同，略欠合理。二部收费制则无此弊，故该厂电力收费应规定以此制为标准。

电厂既无法通过扩大用户规模来获取规模效益，又较难通过调高电价来收取利润，故而被迫采用减停日电的方式来减轻负担及规避风险。江苏省苏州市档案馆藏（档号：I14-001-0602-086）《对于电厂的停输日电要求加以考虑，借资解决》载：某厂年来营业状况因受时局影响，兼之燃料货物工资骤增，已有捉襟见肘之势，迨输送日电以来，负担愈重，开支愈繁，而以电量计核，收入不及三分之一，因之亏蚀更甚，不啻痛肉加针。该厂当然以利益为主旨，无利益可图，而反有亏蚀之累，则身负经营之责者不能不设法减少顺势，故为该厂计，直以不送日电为宜，但各方关系亦不得不兼筹并顾，是以略事补救，暂定星期停送日电，以冀稍抒痛苦。

反思前述研究，苏州的电厂与接用日电各业都有着推进电力生产的意愿，并积极参与了苏地的工业电气化起步，电厂也为电气化生产提供了必要的物质条件，但工业基础之薄弱及成长之缓慢，使得近代苏州最终未能完成工业电气化，而是在传统与现代之间徘徊。

本章小结

现代化发展历程具有多样性，至二十世纪，先进国家已完成了罗荣渠所述的第一次现代化浪潮："第一次现代化大浪潮是由第一次工业革命推动的，时间是十八世纪后期到十九世纪中叶（大约1780—1860年），是以使用非生物能源（蒸气）、粗质量的机器大生产和并不太高的技术水平为特征的。"[①]同时，以内燃机和电动机带动的第二次现代化浪潮也在全球范围内席卷。从近代苏州的工业电气化历程来看，近代中国工业化起步不久、发展缓慢，各行业的生产水平尚处于由手工作业或半机械化向机械化转型的阶段，尚未消化第一次现代化浪潮所带来的变革果实，加之国力贫弱、政局不稳，故而并无能力跟上第二次现代化浪潮的前进步伐，无法完成现代化的阶段性跨越，达到工业的规模化增长与电气化发展并举的态势。

① 罗荣渠.现代化新论:世界与中国的现代化进程[M].北京:北京大学出版社,1993:132.

结　语

前述几章从政治、社会、经济等几个方面对电在近代苏州的地位与作用进行了论述，在结论部分，首先需回答的是电是否成为近代苏州城市现代化的动力这一问题。而由本书之研究得知，电在物质、观念等层面，都较为深刻地改变着近代苏州地方社会。

物质层面中，生产领域的纺织、丝织、印刷、报业、造纸、火柴、面粉、布业、米业等都积极装用电力，并将电力看成是生产之动力源泉。这可以从侧面看出此时中国传统城市中以手工业为主体的经济结构已被打破，资本家们已习惯于电力生产，作坊式的手工业生产不再占据主导地位。商业领域的旅社、饭店、房屋租赁、理发、洗浴、医疗等引入各式电器提升营业层次，并将电当作划分社会阶层的新工具。公用领域中电力路灯的出现，既便利了城市交通，又延长了商业营业时间，对城市的治安也大为有利，完善了城市的现代化功能。社会生活中也出现了电的身影，起到了方便照明、丰富生活的作用，改变了人们的生活方式。以电灯为代表的各类电器还大量进入政府部门，提高了行政效率。

从观念层面看，电给城市社会带来的变化更为显著。电扇使得人们能够首次感受到无需人力带动的人造风力，电灯之光亮是之前的照明工具所无法比拟的，留声机的发明也让人们可以轻松地享受戏剧和乐曲带来的快乐，收音机的出现为人们大量获取各类信息提供了便利，这些都改变了人们对于以往生活的印象。虽有蒸汽机出现在前，但电显然使工业资本家们意识到了大规模高效生产的可能性，这从各业积极接用电力马达及苏纶纱厂主动将蒸汽引擎升级换代一事即可看出。电力路灯的出现，既改变了商家营业的时间观念，又使得民族主义情绪更加深入人心。总体上来说，近代苏州电的应用虽不如当今社会之普及与常见，但在当时确实在一定程度上起到了将苏州由传统拉入现代的作用，故而可将电列为苏州城市现代化的动力之一。

通过本书的研究可知，至少在近代苏州，电已成为现代化动力的一种，但依旧无法成为近代苏州现代化变迁的唯一动力。从本书的研究来看，振兴电灯公司暗售日商事件中，政府、市民等各方人士积极介入，最终达到了创办新电厂、维护主权的目的。中央与地方政府通过制定涉及电力的管理条例、合同等参与了苏州近代电力的管理与运营，但并未引起足够的重视，反倒时常拖欠应付电厂之路灯电费，这说明政治因素对于近代苏州电力事业的影响较弱。

至少在电力被引入苏州之后，没有资料显示各界人士因旧有文化的阻挠，对电力的应用提出质疑，反而多持欢迎态度。因此，文化因素非但没有阻碍电力事业的发展，反倒具备一定积极性。

电力事业的发展是以电厂的设立为基础的，利益的驱使成为电厂成功设立的主要原因之一。马达用户接用电力，也是因电的使用既能提高生产效率，又可改良工艺，对其生产具有促进作用。商家之所以接用电力，同样是希望赢得经营优势，以获取利润。政府与个人接用电力，其目的是提高办公效率与生活品质，这也需建立在经济发展的大前提之下的。因此，经济的影响对于近代苏州电力事业的发展应当推动较大，也最为直接。

综上所述，近代苏州电力事业的发展，政治因素的推动作用较为有限，文化因素则具有一定作用，经济方面对电力发展的推动则最为关键。在得出上述观点之后，反观绪论部分各种关于现代化动力的说法，虽种类繁多，但大多无法跨出经济这一范畴。因此也可以这样认为，经济因素对于近代中国大部分城市的现代化进程均具有重要意义。

近代苏州两家电厂创办时没有外资注入，当振兴电灯公司传闻暗售于日商之后，立刻引起了轩然大波，直接导致了该厂失去了电力经营权。此外，苏州虽属于开埠城市，租界却未获得长足发展，苏州外商经营之企业较少，接用电力各厂家与商家基本为民族资本所经营，个人用户亦大多是本国人士，故而从经济角度看，外因对于苏州电力事业的推动作用是微乎其微的。国外势力对于苏州电力事业的主要介入时期为全面抗战时期，该时期内苏州电力事业转归日方经营，由此造成了苏州电力事业一蹶不振，这说明国外政治势力的介入不仅未能对近代苏州电力事业的发展做出贡献，反倒产生了负面作用。文化方面，则基本未寻找到外因与电力相互关联的直接证据。从上可见，电虽为外来事物，但外因对其在近代苏州的发展所起到的作用可忽略不计，内因成为至关重要的因素。

缘于自身的特殊属性，电的历史不可简单视为一部电力行业史，其对于工商业、社会生活等方面的渗入与延伸，也使本书成为近代苏州工业史、生活史的重要组成部分，并为其他中国近代未开埠或租界不发达城市的现代化历程提供了参照。

主要参考文献

一、档案

[1]苏州商会档案[A].江苏省苏州市档案馆藏,全宗号I14.

[2]苏州电气公司档案[A].江苏省苏州市档案馆藏,全宗号I34.

[3]振亚丝织厂档案[A].江苏省苏州市档案馆藏,全宗号I40.

[4]鸿生火柴厂档案[A].江苏省苏州市档案馆藏,全宗号I35.

[5]苏纶纺织厂档案[A].江苏省苏州市档案馆藏,全宗号I33.

[6]吴县总工会档案[A].江苏省苏州市档案馆藏,全宗号I13.

[7]吴县工厂联合会档案[A].江苏省苏州市档案馆藏,全宗号I17.

[8]吴县警察局档案[A].江苏省苏州市档案馆藏,全宗号I03.

二、报刊

[1]申报[N].江苏省苏州市图书馆藏,清末—1949年.

[2]苏州明报[N].江苏省苏州市图书馆藏,1937—1945年缺.

[3]大光明[N].江苏省苏州市图书馆藏,1929—1936年.

[4]苏州日报[N].江苏省苏州市图书馆藏,1944年—1948年.

[5]吴县日报[N].江苏省苏州市图书馆藏,1929年—1937年.

[6]江苏日报[N].江苏省苏州市图书馆藏,1941年—1945年.

[7]苏州新报[N].江苏省苏州市图书馆藏,1939年—1941年.

[8]江东日报[N].江苏省苏州市图书馆藏,1948年—1949年.

[9]新昆山日报[N].江苏省苏州市图书馆藏,1939年—1941年.

三、方志

[1]实业部国际贸易局.中国实业志·江苏省[M].上海:民光印刷股份有限公司,1933.

[2]曹允源.吴县志[M].苏州:文新公司,1933.

[3]苏州地方志编纂委员会.苏州市志[M].南京:江苏人民出版社,1995.

[4]苏州市对外经济贸易委员会.苏州对外经济志(1896—1990)[M].南京:南京大学出版社,1991.

[5]苏州电力工业志编纂委员会.苏州电力工业志:1897—1996[M].北京:中国电力出版社,1997.

四、资料集

[1]苏州市城市博物馆.苏州城市建设大事记[G].上海:上海科学技术文献出版社,1999.

[2]陆允昌.苏州洋关史料[G].南京:南京大学出版社,1991.

[3]国家统计局研究资料.我国电力工业基本情况[G].北京:统计出版社,1957.

[4]李代耕.中国电力工业发展史料:解放前的七十年[G].北京:水利电力出版社,1983.

五、著作

[1]马克思,恩格斯.马克思恩格斯选集:第2卷[M].中共中央马克思、恩格斯、列宁、斯大林著作编译局,译.北京:人民出版社,1995.

[2]弗兰克 A G.依附性积累与不发达[M].高铦,高戈,译.北京:译林出版社,1999.

[3]罗兹曼 G.中国的现代化[M].南京:江苏人民出版社,2010.

[4]布莱克 C E.现代化的动力[M].段小光,译.成都:四川人民出版社,1988.

[5]库兹涅茨 S.现代经济增长:速度、结构与扩展[M].戴睿,易诚,译.北京:北京经济学院出版社,1989.

[6]贝尔 D.后工业社会的来临——对社会预测的一项探索[M].高铦,译.北京:商务印书馆,1984.

[7]英克尔斯 A.人的现代化素质探索[M].曹中德,等译.天津:天津社会科学院出版社,1995.

[8]格申克龙 A.经济落后的历史透视[M].张凤林,译.北京:商务印书馆,2011.

[9]钱杭.十七世纪江南社会生活[M].杭州:浙江人民出版社,1996.

[10]马俊亚.混合与发展:江南地区传统社会经济的现代演变(1900—1950)[M].北京:社会科学文献出版社,2003.

[11]王国平.苏州史纲[M].苏州:古吴轩出版社,2009.

[12]周正鹤.苏州风俗[M].上海:上海文艺出版社,1989.

[13]池子华.苏州与徽州:16—20世纪两地互动与社会变迁的比较研究[M].北京:商务印书馆,2007.

[14]王笛.茶馆:成都的公共生活和微观世界1900—1950[M].北京:社会科学出版社,2010.

[15]罗荣渠.现代化新论:世界与中国的现代化进程[M].北京:北京大学出

版社,1993.

[16]吴承明.中国的现代化:市场与社会[M].北京:三联书店,2001.

六、论文

[1]张海鹏.20世纪中国近代史学科体系问题的探索[J].近代史研究,2005(1):1-29.

[2]樊树志.江南市镇的民间信仰与奢侈风尚[J].复旦学报(社会科学版),2004(5):107-116.

[3]李伯重.简论“江南地区”的界定[J].中国社会经济史研究,1991(1):100-105.

[4]何一民.中国传统工商业城市在近代的衰落——以苏州、杭州、扬州为例[J].西南民族大学学报(人文社科版),2007(4):1-11.

[5]樊果.近代上海公共租界中的电费调整及监管分析:1930—1942[J].中国经济史研究,2011(4):141-155.

[6]邢建榕.水电煤:近代上海公用事业演进及华洋不同心态[J].史学月刊,2004(4):95-103.

[7]朱英.近代中外商会比较研究[J].华中师范大学学报(哲学社会版),1990(5):111-116.

致 谢

本书基于笔者博士论文修改而成。时光飞逝，转眼之间已定稿付梓，回首往事，历历在目。早年入学厦大之际，即被浓厚学术氛围所环绕。研究方向初定后，先后四次赴苏州查阅文献，资料目录即整理了整整二百二十页，并亲手抄写了整整三十余万字的资料，为本书撰写奠定了良好基础。

自从事博士后研究工作起，笔者即尝试将博士论文修改并出版成书。修改过程主要分为以下几步：首先，在重新梳理原始文本与博士论文的基础上确定选题，并依照现有材料与研究基础设定研究方向与大体框架；其次，将目光触及此项研究各微观之处，一方面细化研究框架至章、节，另一方面补充与完善逻辑及史料漏洞；再次，整理材料，并撰写书稿；最后，校对稿件。

书稿完成之际，首先感谢的是爱妻王瑶瑾女士及父母家人。笔者白天从事日常工作之余还需抽空写作，疏于对家人特别是妻子的陪伴。但她不仅表示理解与认同，甚至主动分担家务、照顾老人，给予我热切的关心和爱护。特对爱妻的付出与包容表示感激之意与感谢之情。此外，感谢我的父母、岳父母及其他亲友，他们的鼓励与支持使笔者勇敢前行，在此对家人与亲友的包容与厚爱作一致谢。

其次，笔者还需感谢诸位指导过我的老师们。本人博士阶段的导师林枫教授从我规划博士生涯起，即不断鼓励、关心；每当遭遇挫折与困难，即不断开导与帮助。笔者硕士阶段导师王卫平教授对我同样恩重如山，拟攻读博士与博士毕业就职等关键时刻，均给予我良好建议与热情帮助，无私的关怀令我永远铭记于心。博士后合作导师李力教授、王锋研究员在笔者对新的领域茫然无知时，提携晚进、奖掖后学，以极大的耐心给予我引导与帮助，使我能够坚定信心、一路向前。对于教诲与指点过我的诸位老师、前辈，笔者亦深为感激。师恩重于山，唯有在学习与工作之中加倍努力，徒为师门增光而已。

同时，亦需感谢诸位博士、硕士同门及领导、同事、同学、好友。博士同门中，孙杰师兄对我帮助很大，每当遇学术难解之处，及时给予热情解答；陈圆圆、魏俊、张赟冰、魏罗刚等诸位与笔者时有交流，笔者颇受惠及。硕士同门中，黄鸿山、曾桂林、金兵、王刚、吴建、徐华炳及董强诸师兄均给予笔者莫大帮助。同届博士学友王楠、方勇骏、宫临海、廖涵、万来志、代祥等时常与笔者热烈探讨、相互鼓励，使我受益良多。其中，王楠博士不仅才华出众，且人品极佳，多次给予笔者热心指点，使笔者拨云见日、豁然开朗。基于相同理由，好友计小敏、裴广强、傅亮、郭文安、韩敏等亦使笔者收获颇多。博士后期间的领导及好友刘钢、殷宇嘉、郭祖军、付菲菲、李璇、肖文瑞等，在书稿修改与博士后求学过程中提供了无私的支持与良好的建议。特借此处，对以上诸君深表感谢，感激之情溢于言表。

此书出版过程中，苏州档案馆蒋老师、安徽师范大学责任编辑分别在资料搜集、书稿出版等环节提供了重要帮助，特借此表达谢意。

黄　河

二〇一九年二月

于深圳莲花山麓